红色记忆® 38

光辉的南北岱崮保卫战

海南省文化交流促进会　编

南海出版公司
2014·海口

图书在版编目（CIP）数据

红色记忆·第1辑·38 / 海南省文化交流促进会编 .
— 海口：南海出版公司，2014.11（2025.1 重印）
ISBN 978-7-5442-7396-1

Ⅰ．①红… Ⅱ．①海… Ⅲ．①革命传统教育－中国－青少年读物 Ⅳ．① D642-49

中国版本图书馆 CIP 数据核字（2014）第 194691 号

HONGSE JIYI · DI 1 JI · 38
红色记忆·第1辑·38

作　　者　海南省文化交流促进会
总 策 划　刘　栋
顾　　问　贾延岩
执行总编　任在齐　张　桐　张爱国
责任编辑　聂　敏
封面设计　郑广明
排版印务　吴　雪
发行总监　杨成春
出版发行　南海出版公司　电话：（0898）66568508　66568511
社　　址　海南省海口市海秀中路51号星华大厦五楼　邮编：570206
电子信箱　nhpublishing@163.com
经　　销　新华书店
印　　刷　天津睿意佳彩印刷有限公司
开　　本　787毫米 ×1092毫米　1/16
印　　张　6.25
字　　数　100千字
版　　次　2014年11月第1版　2025年1月第2次印刷
书　　号　ISBN 978-7-5442-7396-1
定　　价　39.80元

序

对历史无知的人，没有真正的信仰可言；没有信仰的人，不可能拥有美好的理想，不可能胸怀崇高的情感，也就不可能担负起任何责任。用欲望文化代替历史教育，足以使一个国家的青年被腐蚀、使一个民族的希望被毁掉，使这个国家和民族被永世万代地奴役！

鉴于此，我们呼唤历史，唤回那段属于二十世纪的“红色”历史，唤回那段炮火硝烟、颠沛流离的历史，唤回那冲天的狼烟留下的悲壮回忆、岁月年轮沉淀的斑驳痕迹。历史不应该被忽略，更不应该被遗忘，牢记那段革命战争年代的红色历史更是责任。为了那些不应该被忘却的记忆，为了那些不应该被丢弃的信念，于是就有了这套《红色记忆》丛书。

曾记否，当草鞋与意志丈量出来的两万五千里穿越一个伟大民族五千年的荣辱兴衰，革命的火种被一路播撒、一路点燃。人迹罕至的雪山、荒无人烟的草地被鲜血浸透，衬映出一段光辉的里程；万水千山早已被远远地抛在身后，一轮红日在黄土高原磅礴而起。满目疮痍的河山在1936年10月温暖如春……

曾记否，当生命和鲜血浸染的十几年光阴将一种记忆铭刻进一个伟大民族的历史画卷，革命的火焰从星火到燎原。这栏杆拍遍、易水悲歌般的呼号，这折戟沉沙、慷慨赴义的悲壮，这铁马冰河、枕戈待旦的苦战，这红旗漫卷、所向披靡的豪迈……腔腔热血、铮铮铁骨早已被熔铸成一座不朽的丰碑，中华民族从苦难中百死后生的壮丽诗史凝结成了五星闪耀的红色记忆。

曾记否，中华人民共和国成立以来，又有无数英烈接过前辈用鲜血染红的旗帜，或壮怀激烈戍边卫国，或忠于职守鞠躬尽瘁，或绝甘分少奉献大爱，甘做国家强盛、人民富裕的铺路石，成为和平年代民族复兴的荣光，把人民心中的红色记忆浸染得分外鲜艳，永不褪色。

这红色记忆，是信念不衰、志向不改的崇高气节；这红色记忆，是无私无我、生属苍生的博大胸怀；这红色记忆，是敢为人先、披荆斩棘的拓荒精神；这红色记忆，是中华民族最宝贵的精神财富。它告诫我们，人事有代谢，传承无绝期。缅怀先烈精神，继承先烈遗志，是社会的道德和民族的良心，是后来者须臾不可忘怀的本分。

老一代人把历史的真实交付给我们，我们有责任用真实还原历史，传承给下一代，把那段岁月与现在年轻人的生活连接到一起，使他们眼中的历史变得立体、真实、可靠，让历史成为他们前进的动力。本丛书将那些流动的、随时会飘散在时间天际的事件凝固下来，希望透过这些文字、图片，感受到英雄们那坚定的革命信念，感受到那个年代澎湃的革命激情，真切体会那段“红色历史”。

忘记历史，就意味着背叛。让我们重温历史，缅怀先烈，从中汲取力量，毅然前行。

刘栋

目录

CONTENT

目录

CONTENT

张爱萍洪泽湖剿匪纪实

文/莫　云

张爱萍

张爱萍，1910年生于四川达县。中国人民解放军高级将领。早年在家乡参加学生运动和农民运动。1926年加入中国共产主义青年团。1928年转入中国共产党。他是中国共产党的优秀党员，久经考验的忠诚的共产主义战士，无产阶级革命家、军事家，现代国防科技建设的领导人之一，1988年被授予一级红星功勋荣誉章。

1941年，是洪泽湖沿岸人民的喜庆之年。那一年，红星开始闪亮在洪泽湖的上空。

3月，湖边百草泛绿，烟村桃红，新荷探首，芦苇初青。

新四军第四师九旅旅长张爱萍策马来到洪泽湖岸边。两年前，张爱萍率部从豫东转战淮北，奉命创建了皖东北（淮北）抗日根据地。不久，他又挥师东向，开辟了淮海抗日根据地。正值红旗漫卷淮北、苏北之时，遵新四军军部命令，三师九旅与四师十旅对调，番号不变。张爱萍遂率部进驻洪泽湖西岸半城镇。他举目远望，水明草美，好一片秀丽湖光，只可惜日军入侵，土匪横行。随着一声慨叹，一个大张旗鼓地剿匪的念头在他的脑海中闪现。洪泽湖进可以攻，退可以守，是天然的大后方，要建立坚固的淮北抗日根据地，而肃清湖中匪患迫在眉睫，也是湖区人民的强烈愿望。

二十天后，在半城镇四师九旅临时旅部的团以上干部会议上，一个剿灭湖中顽匪的计划基本上酝酿完成。4月初的一个夜晚，张爱萍与九旅政委韦国清讨论起草了给中共华中局及新四军军部的请战报告。新四军代军长陈毅与政治委员刘少奇批准下达了肃清洪泽湖匪患的命令："张、韦部应乘芦苇尚未生长之机，肃清湖中顽匪……二师五旅派一个团协助进剿，该团电台与九旅联络并归张、韦二人指挥。"

剿匪的主体计划是：政治上分化瓦解，经济上严密封锁，军事上彻底消灭。首先肃清环湖周围的散匪，切断韩德勤所部对湖匪的支援，在老子山、成子湖、临淮头等地实行军事封锁，然后再进行水上攻坚战，集中力量消灭顽匪。

从全国抗战整个局势来看，新四军剿灭匪患，把洪泽湖作为淮北根据地稳固的后方，这对于巩固华中抗日根据地，战略意义极其重大。

一

知己知彼，才能百战百胜。张爱萍、韦国清以及九旅的其他干部，通过广泛而细致的调查侦察，初步掌握了顽匪的实力、装备与活动规律。

湖中匪徒与日军、伪军、顽军互有勾结，他们还打着江苏省政府主席兼鲁苏战区副总司令韩德勤的旗号，与中共的武装力量对着干。几股湖匪势力合起来，总共有民船数百只，钢板划子（钢板划子就是将小巧便捷的木船前头护上钢板，使从正面射来的子弹射不透船）五十余只，枪炮八百余支（门）。另外，匪徒们习惯了湖上生活，大都识水性；而新四军将士大都打惯了陆地仗，不识水性。这些都是对我方作战不利的因素。

依赖水上的优势，群匪更加肆无忌惮，高铸九扬言说八路军是"旱鸭子"，不敢下水，"九路军"不怕八路军。张爱萍鼓励将士们："什么'九路军''十路军'？都是乌合之众！"

话虽这么说，但办法可不得不想。根据调查了解，湖匪的实力具体分布为：一、陈佩华部，原为江苏省洪泽湖水警队，后改为韩德勤部独立支队，有匪徒二百多人，有"九里锥"炮三门，轻重机枪三挺，船近百只，其中钢板划子二十多只，陈为支队司令。二、魏友三部，为韩德勤部游击五支队，魏称"司令"，拥众百余人，有轻机枪两挺，驳壳枪三十余支，钢板划子十余支。三，高铸九部为惯匪，与盱眙县城及老子山据点日军过往甚密，拥有二百余众，民船百余只，钢板划子十五只，土炮十门，鸭枪二百余支。四，王乃汉部，拥众二百余人，有钢板划子二十余只。五，张文博部，拥众百余人，张自称"苏皖游击指挥"。几股湖匪势力，以陈佩华、高铸九、魏友三的气焰最凶。

谁能想到，洪泽湖剿匪战术的运用，不是得益于《孙子兵法》和其他兵书，而是受到了苏联纪实小说《对马》的启示。在1940年冬天，中共中原局书记刘少奇从上海购买来一批图书，分赠给新四军旅团以上干部，张爱萍看了三遍小说《对马》。书中写的是日俄战争中的对马海峡战役，日本海军指挥官东乡平八郎以劣势兵力战胜了庞大的俄国舰队，主要原因就是以己之长攻敌所短。张爱萍认为，九旅的"战舰"虽然少于敌匪，

洪泽湖剿匪用的钢板划子

到处响起九旅将士们训练的呐喊声。

二

同年4月25日，刘少奇、陈毅再次电示九旅指战员们：“张韦提出的进剿洪泽湖顽匪计划和部署我们同意，但南新集的防务仍由九旅担任……因皖东北地区狭小，不宜太多部队活动，否则有引起敌寇‘扫荡’之可能。”

张爱萍、韦国清手捧着电文，心里已经明白：此战只宜速战速决。

但只要抓住敌人的弱点，发挥自己的火力优势，就能取得胜利。他和韦国清政委又认真分析了战情，其中有利我军的条件也较多：首先，渔民痛恨土匪，人心向我，有老百姓贡献船只和领路；其次，土匪内部不团结，经常火拼，可以逐个击破；再次，钢板划子虽然坚固，但可以采取迂回战术，侧面射击；最后，由水性好的渔民做教练，教将士们游泳，他们就能迅速掌握水上战术。

于是，张爱萍根据水上战术要求和各类船只特点，对部队进行编组训练，战斗队形按照突击船队、钳制船队和后勤船队的队形组成，由“主力舰”（实为木船）、“炮舰”“通信舰”和“救生舰”组成钳制队，从正面攻击并吸引敌人，由二级、三级“主力舰”“驱逐舰”“通信舰”组成的突击队从左右两翼出击，由“救护舰”“运输舰”组成的后勤舰队殿后，与突击队保持一定的距离。指挥所设在钳制船队上。联络信号白天用旗语，夜间用包着红布的手电筒。

一个周密而细致的作战计划形成了。洪泽湖边老汴河、濉河等河道上，

5月1日，九旅将士整装待发。张爱萍的动员令是：“用洪泽湖战斗的胜利迎接红五月。”第二天拂晓，剿匪部队按预定部署分头出击。

剿匪的主力是新四军四师九旅二十五团。张爱萍亲率三营及警卫营的主舰队，从今泗洪县临淮镇的老汴河口冲出，向顽匪的驻地之一的安河口进发。这是顽匪的主要防御方向，正面有三十多只匪船担任警戒，十多只钢板划子一字排开，向剿匪部队开枪开炮，阻挡进攻。张爱萍旅长指挥“炮舰”用四根长竹篙前后左右将“炮舰”固定起来，命令战士们集中火力向敌船猛烈开火。一时间，机枪子弹齐飞，炮弹在匪船上炸开了花。八连连长齐德宽带领突击队，分乘两艘大船和六艘小船，在火力的推进下冲到敌船附近，高喊：“不准动，缴枪不杀！”一百余名顽匪见势不妙，只好乖乖地举手投降。西路阻击的顽匪被率先击溃了。

一营从东路自黄码头（位于今泗阳

张爱萍和李又兰

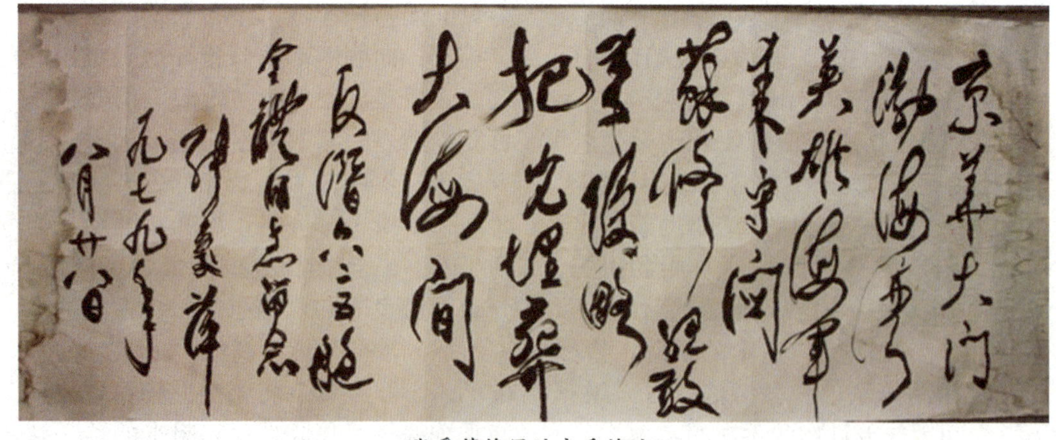

张爱萍将军的亲手笔迹

时任新四军三师九旅旅长的张爱萍

县）出击，主攻顽匪陈佩华部。敌匪用“九里锥”炮射击，企图打退我军的进攻。一营指战员如虎出山，势不可当，一面用重机枪扫射，一面破浪前进。顽匪一见遇上了新四军的主力，在“九里锥”不能救命的情况下，就掉转船头逃跑。

二十五团政治委员李浩然率领二营与团直机关，从成子湖西岸的高嘴向南进攻，主攻高铸九的“九路军”。上午10时左右，与敌船接上了火。高匪以五十只大船出兵对抗，远看帆樯林立，想从气势上来压倒新四军战士。二营集中重火力强行进攻，没几个回合，便使敌船转舵而逃。

中午12时许，剿匪部队三路合击，在成子湖东南湖面上会师，继续追歼残匪。第二天，张爱萍旅长命令所部，稍做休整再乘胜分进合击，不痛歼顽匪，誓不罢休。陈佩华残部逃至湖东被二师五旅截获全歼。高铸九残部在成子湖东北岸遭新四军十旅二十九团伏击被歼，只有高铸九只身潜逃，先投靠日军，后任国民党盱眙县党部研究室主任。1947年7月，高铸九被中共淮河大队神枪手胡冠仁击毙于洪泽湖南岸老子山。孙乃香、王乃汉部被全歼。匪首魏友三为人狡诈，潜水逃命，投靠在韩德勤麾下。1943年春，界子头战斗中魏友三被九旅俘获，关押在今泗洪县界集镇吕集村，被当地百姓指认控告，韦国清遂下令将其就地正法。匪首张文博在水战告败后，带领少数残匪南逃至盱眙，又转道蚌埠投降了日军。中华人民共和国成立后他潜伏于南京，被我公安机关抓获。

5月5日，上千只大大小小的船只聚集在安河口（今泗洪县）龙集乡与洪泽农场南部洪面上，船头鼓乐喧天，军民们齐手欢呼，庆祝剿匪的胜利。笼罩在洪泽湖上的阴云终于被驱散了，洪泽湖变成了中国共产党领导下的抗日民主根据地。面对此情此景，张爱萍将军诗情倍增，即兴写下《平定洪泽湖》诗一首：

洪泽水怪乱水天，奋起龙泉捣龙潭。
红旗漫展万众勇，白帆云扬千樯舷。
塞江倒海斩妖孽，长风劈浪扫敌顽。
旸乌红天炀红泊，渔歌满湖鱼满船。

洪泽湖剿匪一役，是中国人民军队战史上第一次较大规模的水战，这次战斗的胜利，曾引起毛泽东主席的重视。1949年4月23日，当中国人民解放军攻下南京之时，毛泽东亲自点将并召见张爱萍，让张爱萍组建华东军区海军，并担任华东海军首任司令员。

（本文选自宿迁新闻网，有删节）

陈毅在马回岭

文 / 吴周水

陈毅（1901 年—1972 年），名世俊，字仲弘，四川乐至人，中国共产党党员，久经考验的无产阶级革命家、军事家、外交家，中国人民解放军的创建者和领导者之一，新四军老战士，中华人民共和国十大元帅之一，党和国家的卓越领导人。

陈毅同志当年追赶南昌起义部队途中取道庐山柴桑山中的马回岭，把当地为非作歹的国民党马楚团防局（由当地一些恶霸地主组成的反动武装团体）"一窝端"，全歼了敌人，轰动了九江、庐山和南昌，在当时传为佳话。

1927 年，蒋介石、汪精卫先后背叛革命，陈毅接到党组织的通知，要他立即率领军校学员火速赶往九江与贺龙、叶挺部队会合，一同前往南昌参加武装起义。

陈毅率领两千多名军校学员分乘一批木板船沿江而下。8 月 2 日，船到九江，刚刚靠近码头，就被全副武装的国民党军队用突然袭击的手段强行缴了学员们的枪械。时局恶化，情况危急。陈毅此时得知贺龙、叶挺的部队已在南昌起义，自己在军校的身份也已暴露，不能再留下来。于是，陈毅决定和一个叫熊跃彬的连长一道去追赶起义部队，同时还准备取道去庐山柴桑山中的马回岭看看在武汉军校毕业的学生沈益明等人，了解那里的农民革命运动开展情况。

陈毅和熊跃彬趁着朦胧夜色，机智勇敢地闯过了国民党军队沿途层层设置的岗哨，顺着庐山西南麓山道步行六十多里路程。快天亮时，赶到了柴桑山中的马楚荆林街，按约找到了他的学生沈益明。原来，九江地方党组织为防时局不测，征得时任武汉中央军事政治学校中共委员会书记陈毅同意，吴从枢奉命把沈益明、蔡一中和吴从立三个年轻人送到军校学习，以便返乡指导军事和武装建设。因而吴从枢结识了热情豪爽的陈毅，两个人遂成了要好的革命同志。中华人民共和国成立后，陈毅登临庐山开会，问及吴从枢，得知他为革命早已牺牲后，伤心地流下眼泪。

陈毅在南昌

8月3日上午，马楚柴桑洞里正开着重要的军事会议，陈毅、熊跃彬应邀参加，马楚区赤卫队中小队长也出席了会议，荆林、仓房、排山和大塘等地的农协会长也都来了。

柴桑洞又称芷军洞，极为隐秘安静。它坐落在柴桑山深处，周围群山起伏，森林茂盛，井字形的洞穴垂直往下，深二百多米，洞房宽阔平坦，能够容纳八九十个人员在洞里活动，洞中有泉水和暗河，还有休息的石床、石桌和石凳。据传东晋田园诗人陶渊明当年经常邀集好友在洞里饮酒赋诗，困了、累了就在洞中石床歇息。

研究和讨论集结赤卫队员、端掉和消灭团防局的反革命武装力量、惩办恶霸的会议开得既严肃又活泼。陈毅同志还就目前革命形势和今后工作任务发表了重要讲话，提出端掉反动的团防局应以智取的作战方案。吴从枢提议，反动头子陈献模将于8月4日摆酒宴客，可利用这个机会消灭他。

国民党九江马楚团防局在马回岭的仓房岭，院里居住着国民党地方军队一个加强排和当地恶霸势力的一帮人，他们平时作威作福，横行霸道。紧靠团防局西边有一栋坐北朝南的一进三重的大院，这是跨县越省的大财主陈献模的大庄院。陈献模四十四五的年纪，平日里欺男霸女，无恶不作。大革命时期，陈献模被人民群众揪出来游街示众，后被关押。蒋介石、汪精卫背叛革命掌权后，陈献模欣喜若狂，急忙返回马楚，纠集一班恶霸地主反革命，捕捉和屠杀共产党人、革命群众，因此民愤极大。

8月5日，天气晴好，太阳从庐山大汉阳峰上升起，发出万道金光。柴桑山中的马回岭马楚荆林街农会广场召开万人大会，人头攒动，一片欢腾，人们欢庆陈毅和吴从枢领导的赤卫队武装力量一举端掉国民党马楚团防局，又公审和处决了反动分子王彪、潘虞陀和大恶霸大地主陈献模，真是大快人心，令人振奋。

当天夜晚，乘着满天星斗，陈毅和熊跃彬在吴从枢、沈益明和吴从立的陪同下，沿着鄱阳湖水道往南追赶八一起义的部队去了。

（本文选自《九江日报》，有删节）

淮海战役三次献策

文 / 巴　斯

1948 年，在解放战争发展的关键时刻，特别是在南线战略决战的紧要关头，粟裕三次向党中央提出重要的建议，对中央军委做出正确的战略决策起了举足轻重的作用。对粟裕的功绩，毛泽东同志给予了很高的评价。在 1949 年的一次谈话中，毛泽东说："淮海战役，粟裕同志立了第一功。"

"子养电"直陈：集中兵力中原歼敌

1948 年 1 月，粟裕率领华野指挥机关和四个纵队集结于河南的许昌、临颍、漯河。根据中央军委的指令，他们将在这里进行为期一个月的休整，传达贯彻中共中央 1947 年 12 月会议精神，进行新式整军，为执行新的作战任务做准备。

这时，中原战场的胜负已成为国共交战双方在战略指导上关注的焦点。蒋介石为改变战略上的被动地位，以维持其在全国的统治，采取坚守东北、力争华北、集中力量加强中原防御的战略部署，调集重兵于中原战场，一再叫嚣"确保中原""肃清中原"。毛泽东为实现用五年左右时间打败蒋介石的战略目标，指挥刘邓、陈粟、陈谢三路大军经略中原，指出："中国历史告诉我们，谁想统一中国，谁就要控制中原。今天中原逐鹿，就看鹿死谁手了。"

在这一关键时刻，身处战争第一线并且时刻关注战争全局的粟裕，分析敌我战略态势及其发展趋势，认为改变中原战局进而发展战略进攻，不仅是必需的，也是可能的。关键在于集中更大兵力打更大规模的歼灭战，大量消灭敌人的有生力量，使我军在兵力对比和技术装备上具有优势，战争形势即可快速转换，也将推动政治局势的迅速变化，革命的全国胜利即可迅速到来。

1948 年 1 月 22 日，粟裕将他的战略构想以及相应的建议报告中央军委和刘伯承、邓小平。

这就是著名的"子养电"（按照电报地支代月、韵目代日的惯例，"子养"即

1月22日，故称“子养电”）。

在这份电报里，粟裕根据他对中原以至全国战局的科学分析，提出了发展战略进攻、改变中原战局的战略构想，以及与此相应的关于作战和建军的重要建议。值得注意的是，他分析决定战争胜负及其发展趋势诸因素的时候，除了政治、战略、兵员数量以外，还把技术装备放在相当重要的地位。后来的实践证明，这是一个符合战争发展规律的科学预见。

这份电报早在1947年12月10日就起草好了，粟裕又继续观察、思考了四十多天，才果断发出，并且使用了“斗胆直陈”的措辞。当时，他虽不知道中共中央已经做出分兵渡江南进的战略决策，但是他主张依托根据地集中兵力打大歼灭战的思考，与中央军委一再强调的不要后方的战略跃进和在中原地区打中小规模的仗的指示显然是不同的。

军委下令渡江　粟裕再陈：打大歼灭战

粟裕的“子养电”传到中央军委的时候，在陕北米脂杨家沟召开的中共中央12月会议已经结束，中共中央做出了打倒蒋介石、解放全中国的战略部署，并正在为此运筹帷幄、调兵遣将。毛泽东等在商定一个重大行动计划：拟令粟裕率部渡江南进。

五天后，1月27日，中央军委正式电令粟裕，要他率领三个纵队渡江南进，执行大机动作战任务。此电强调指出，采取这个战略行动的意图，是迫使敌人改变集中强大兵力于中原的战略部署。电报中指出：“你率三纵渡江以后，势将迫使敌人改变部署，可能吸引敌二十至三十个旅回防江南。你们以七八万人之兵力去江南，先在湖南、江西两省周旋半年至一年之久，沿途兜圈子，应使休息时间多于行军作战时间，以跃进方式分几个阶段达到闽浙赣，使敌人完全处于被动应付地位。”渡江时间可在2月或5月，请粟裕“熟筹见复”。

接到中央军委的电报，粟裕感到，中央的决策与他的建议大相径庭。他一方面积极地研究执行中央军委的指令，提出了渡江时机、路线和方法的具体方案，并且立即着手进行渡江南进的各项准备；另一方面则反复深入研究改变中原战局、发展战略进攻的方略。经过三天的缜密思考，他写出一份长达两千字的方案，于1月31日致电中央军委。

在这份电报里，粟裕在提出渡江南进时机、地点和方法的方案的同时，重申他在“子养电”中的观点和建议：“如能于最近打几个歼灭战，敌情当有变化。因此于最近时期，将三个野战军由刘邓统一指挥，采取忽集忽分（要有突然性）的战法，于三个地区辗转寻机歼敌（华野除叶王陶外可以有三四个纵队参战），是可能于短期内取得较大胜利的。”

接到粟裕的电报，毛泽东特意把原定于2月1日动身出发的陈毅留下来一起研究。研究的结果是，仍然坚持由粟裕率领三个纵队渡江南进的决策，从调动中原敌军主力去江南的意图考虑，认为向蒋介石的要害地区出击是最有效的，采纳了粟裕关于渡江时机、地点、方法以及采取“忽集忽分”战法的建议。

2月1日午夜，毛泽东给粟裕的复电，表示完全同意粟裕提出的渡江作战方案，指令他们休整一个半月，3月下旬出动。后来因情况发生变化，渡江时间由3月下旬推迟到5月15日以后。

第三次直陈：建议第一兵团暂不过江

根据中央军委指令，华东野战军第一、第四、第六三个纵队编组为第一兵团，粟裕兼任司令员和政治委员。渡江南进的各项准备工作随即全面展开。

1948 年，淮海战役前夕，粟裕在干部大会上进行战斗动员

然而，粟裕并未停止他的探索和研究。他常常拿着中央军委的电报阅读、沉思，在地图前观察、测算，反复分析、研究敌我双方情况，寻求改变中原战局、发展战略进攻的最佳方案。

粟裕认为，集中兵力在中原黄淮地区打大歼灭战，更有利于迅速改变中原战局，进一步发展战略进攻。

对于要不要向中央军委再次提出自己的意见，粟裕一开始是有顾虑的，主要是担心自己看问题有局限性，对如此重大的战略决策提出不同看法，会不会干扰统帅部的决心，而且部队的准备工作已经达到“万事俱备，只待渡江”的程度。为了做到确有把握，他两次向陈毅详细汇报自己的想法和建议。在上报中央之前，粟裕又将他的建议报告给刘伯承、邓小平，征求他们的意见。当时有一种意见，认为中原无大仗可打。这些情况，也促使他采取谨慎态度。

但是，粟裕又想到，作为一个战区指挥员，在执行中央军委赋予的作战任务的时候，理应结合战争的全局来思考，从战略全局考虑利弊得失，把局部和全局很好地联系起来。全局是由许多局部组成的。从局部看到的问题，也可能对全局的战略决策有参考价值。既然自己已经深思熟虑看准了，就要敢于承担历史责任。

1948 年 4 月 18 日，粟裕再次斗胆直陈，向中央军委建议，华东野战军三个纵队暂不渡江南进，而集中兵力在中原黄淮地区打几个大规模的歼灭战。同时建议，向淮河以南到长江以北地区派出几个以旅或团为单位的游击部队，配合正面战场作战；向长江以南的敌人深远后方派出多路游击队，与当地人民武装结合，在广大范围内辗转游击，以求调动大量敌人，策应中原地区作战。这样，三线密切配合，推动战局较快与较大发展。粟裕在电报最后特别声明：“我们对南渡准备仍积极进行，决不松懈。”

城南庄会议决定：华野三个纵队暂缓过江

粟裕关于发展战略进攻、改变中原

战局的三次建议，引起了毛泽东等中央领导人的高度重视。接到粟裕4月18日的电报，毛泽东在4月21日为中央军委起草致陈毅、粟裕的电报，请他们到中央开会，“商量行动问题”。

4月25日，毛泽东在河北省阜平县城南庄致电在西柏坡的刘少奇、朱德、周恩来、任弼时，提议召开中央书记处会议，议题之一就是“陈粟兵团的行动问题”。

4月30日，会议第一天，“五大书记”一起听取了粟裕的汇报。粟裕着重汇报了三个纵队暂不渡江南进、集中兵力在中原黄淮地区大量歼敌的方案，详细说明了提出这个方案的依据。毛泽东、刘少奇、周恩来、朱德、任弼时听了粟裕的汇报，当即研究决定，在既定战略方针不变的前提下，同意华东野战军三个纵队暂缓渡江南进，留在中原黄淮地区大量歼敌。这是一个重大的战略决策，构成了以后淮海战役设想的最初蓝图。

中共中央同时采取的一项重要组织措施，就是决定调华东野战军司令员兼政治委员陈毅到中原军区、中原野战军工作。此后，粟裕就以代司令员兼代政治委员职务，担负起领导和指挥华东野战军的重任。

“小淮海”演变为“大淮海”提出三个关键性建议

豫东战役胜利之后，9月24日早晨7时，当济南城内巷战尚在激烈进行的时候，粟裕判断攻取济南的战斗已稳操胜券，随即向中央军委提出了他在济南战役前就考虑了的发动淮海战役的建议。经过一天的慎重考虑，中央军委发出了毛泽东起草的答复电报：“我们认为发动淮海战役，甚为必要。”同时指示将两步作战改为三个作战，“第一个作战应以歼灭黄（百韬）兵团于新安、运河之线为目标”。

10月11日，毛泽东为中央军委起草《关于淮海战役的作战方针》的电报，确定淮海战役的作战任务主要是歼灭徐州刘峙主力之一部，开辟苏北战场，使山东和苏北打成一片。随后，华野分为两个兵团，以五个纵队组成东兵团在苏北、苏中作战，其余主力组成西兵团出豫皖两省，协同刘邓在中原作战。这个部署仍然是人们所说的“小淮海”。

10月下旬，陈毅、邓小平指挥的中原野战军先后攻克郑州、开封，进至徐州、蚌埠地区，配合华东野战军作战。粟裕分析战场态势，预见到华东、中原两大野战军将由战略上配合作战发展为

淮海战役前夕，粟裕（左）同张震（中）等一起研究作战问题

战役上协同作战，战役的规模也比原来设想的要大。形势要求必须建立统一的指挥体制，才能统一作战指导思想，协调作战行动，最大限度地发挥两大野战军的整体威力。为此，10月31日，粟裕发电报给中央军委、陈毅、邓小平、华东局、中原局，表示遵令于11月8日晚发起淮海战役，同时建议此次战役规模很大，请陈毅、邓小平统一指挥。这是粟裕第二次献策。

粟裕的电报传到西柏坡的时候，毛泽东、周恩来、朱德当即研究同意，于次日（11月1日）复电指示："整个战役统一受陈邓指挥。"了解这段历史的人士认为，在中央军委尚未做出由谁统一指挥的决定以前，粟裕主动提出由陈毅、邓小平统一指挥的建议，对于顺利解决南线决战的指挥问题作出了重要贡献，再次表现了他大公无私、光明磊落的高尚品德。

11月7日，淮海战役的第二天，粟裕一面紧张地组织指挥部队对黄百韬兵团及其援军实行分割包围，一面冷静地观察分析当前敌情和全国战局，预测敌人可能采取的对策，筹划下一步以及未来几步的作战方案。他与华野副参谋长张震彻夜长谈，分析全国战略态势，估计敌人可能采取的方针，权衡各种方案的利弊得失，认为必须当机立断，不失时机地使淮海战役发展为南线战略决战。他们认为，很有必要把他们的判断和建议立即报告中央军委、陈毅、邓小平和华东局、中原局。于是，粟裕冒着严寒，奋笔疾书，起草电报，字斟句酌，反复修改，完稿时已是旭日东升。他和张震郑重签名，注明发报时间：齐辰（即8日7时—9时），这就是著名的"齐辰电"。

11月9日深夜，中央军委复电：

粟张，并告华东局，陈邓，中原局：

齐辰电悉。应极力争取在徐州附近歼灭敌人主力，勿使南窜。华东、华北、中原三方面应用全力保证我军的供应。

军委

佳亥（9日21时—23时）

这份电报表明，中央军委已经下定决心，把淮海战役发展为南线战略决战，歼灭长江以北的蒋军主力于徐州及其周围地区。

后来的战局发展，果如粟裕所料，蒋介石集团被迫实行了粟裕所说的"第一种方针"。11月4日，蒋介石派顾祝同到徐州"剿总"，传达蒋介石的决定，调整作战部署。这时，离华野发起淮海战役只有两天时间了。华野迅速完成对黄百韬兵团的分割包围，截断徐州之敌的南撤通路，国民党军队不得不在徐州地区与人民解放军决战，想要退守淮河也不可能了。这正是粟裕设想的最佳态势。

在淮海战役的战略决策中，粟裕频出奇谋，三次献策，对于中央军委做出举行淮海战役并发展成为南线决战的决策，使"小淮海"演变为"大淮海"，作出了独特的贡献。

（本文选自当代中国出版社《粟裕传》）

抗日战争中的左齐将军

文/高　方

左　齐

那是1938年11月初，左齐被任命为三五九旅七一七团参谋长。他得到情报，日军田原运输大队将于11月16日由与山西交界的河北蔚县运送物资到涞源。左齐提前两天带兵到蔚涞公路上的明铺村设伏。当时正值太行山的冬天，寒风刺骨。左齐和战士们两夜一昼趴冰卧雪等待敌人的到来。

17日清晨，日军三十多辆运输车从蔚县驶来，进入我军包围圈。左齐一声令下向日军开火，双方开始猛烈交火。左齐正给一挺重机枪排除故障，一排子弹袭来击中他的右臂，顿时血流如注，有战士来救他，他一把推开说："别管我，快去打日军。"战斗结束时，左齐因失血过多晕了过去。昏迷中，明铺村一位房东大娘用开水冲鸡蛋喂他，这个情节一直刻在他的脑海中。蒙眬中，王震旅长等告诉他，他们打了一场漂亮仗，二百多日军被全部消灭，击毁三十五辆汽车，缴获大量武器和大批军用物资。

担架队日夜兼程，用了三天三夜才把左齐和伤员们送到设在山西灵丘县下石矾村的三五九旅旅部和前方医院。那时由于日军控制了煤矿，村里老乡家里没有煤烧，战友们把青砖放在开水里煮热再铺到炕底下为左齐恢复体温。等候在那里的白求恩大夫给奄奄一息的左齐检查伤口时，发现由于止血带绑得太久，整个右臂已发黑坏死，当场对护送左齐的卫生部部长顾正钧等人大发雷霆。当时部队的一些医务人员没有受过专业训练，只一心止血，不懂放松止血带保持肢体供血的道理。要保住生命，唯一的选择就是截肢。白求恩像心疼孩子似的摸摸左齐的头叹着气走出去。王震旅长给左齐做思想工作说："目前重要的是治好伤，好身体是革命的本钱，一只手臂照样打鬼子。"他指着身边在长征途中失去一条胳膊的晏福生政委说："你看晏福生不是打仗工作样样出色吗！"当左齐艰难地点头同意时，王震俯下身紧紧地拥抱着他，两个人泪如泉涌。

白求恩大夫连夜为左齐作了右肩关节离断手术。手术后，左齐知道医院药品紧缺，白求恩大夫为他换药时，他坚持不用止痛药，常常是咬紧牙关，豆大的汗珠往下滚。白求恩大夫握着他的左手直向他竖大拇指，还把自己从加拿大带来的仅存的一瓶磺胺给他用于治愈伤口。

在养伤的日子里，左齐的枕边放着一个日记本，前来看望他的战友都会在上面写下安慰、鼓励他的留言，还有许多战友给他写来热情洋溢的信，寄来自己的照片，在那个特殊年代，收到别人的照片就是一份情义无价的厚礼。时任三五九旅参谋长郭鹏、政治部主任袁任远、七一八团团长陈宗尧联名送来照片

1979 年，晏福生、左齐（中）、彭清云三人合影

和诗：

朋友，朋友，你为民族截去一只手。多么光荣，多么伟大，这是你历史上的光辉不朽。战友，战友，莫悲伤，别忧愁。坚持抗战到底，自由幸福将在不久。

左齐一直珍藏着这些信和照片，就是这种革命队伍中兄弟般的深情厚谊给了左齐信心和勇气，使左齐度过了那些漫长、痛苦的日子。

1939 年春天，左齐的伤情一天天好转，他用左手吃力地写下了这样的诗句：

大地穿上雪的衣衫，洁白美丽的母亲啊，请不要伤心，你又添了一个断臂的儿男。忸忸怩怩的左手呦，又摆架子！我告诉你，你跟"右哥"做伴，吃了二十多年冤枉，今天，"右哥"去了，你应该完全负起责任……

（本文选自《新疆日报》）

血洒青松岭的抗日英雄

文 / 辛宪友　杨　丽

许亨植

在被日本侵略者铁蹄蹂躏的东北大地上，曾经有这样一位朝鲜族抗日英雄，他把自己的一腔热血无私地奉献给东北的抗日斗争事业，他的革命业绩受到后人的深切缅怀。他就是东北抗联第三路军总参谋长许亨植。

许亨植，原名许克，又名李熙山。1909 年，出生于朝鲜庆尚北道善山郡。他的曾祖父出生于李氏王朝贵族家庭。随着民族的危难和国势的衰落，家境逐渐没落，到了祖父那一辈就以种地为生了。1906 年，为了反抗日本帝国主义的侵略，朝鲜人民掀起了轰轰烈烈的反日义兵运动。他的父亲许一昌痛恨日本侵略者，毅然参加义兵队。1911 年，这场席卷朝鲜全国的斗争遭到了残酷镇压，义兵运动失败了，许家被迫举家流亡中国东北，后迁居辽宁开原。

许亨植开始了贫困饥饿、颠沛流离的生活。因为没钱上学，父亲就利用空闲时间教他认字。父亲经常给他讲述家世、国仇及一些动人的爱国故事。在父亲的教导下，他的爱国思想越来越强烈。

1929 年春，许亨植一家迁到哈尔滨附近的宾县枷板站。当时宾县是中国共产党北满特委的所在地，党的组织及其领导的革命活动不断发展壮大。许亨植思想进步，积极靠近组织，自觉接受党的领导，忠实履行职责，多次出色地完成了任务。1930 年，许亨植加入中国共产党，从此他的一生与中国革命紧紧联系在一起。

入党以后，许亨植更加忘我工作。1930 年 4 月，北满特委在利用五一国际劳动节的机会，在哈尔滨组织反日大游行计划。为执行这一计划，他挺身而出，率领荒山嘴子的十几名共青团员会同阿城、海沟、平房等地下党员、团员一起去哈尔滨参加统一行动。游行队伍高举条幅、标语等，呼喊着口号向日本领事馆前进。这一爱国行动受到当地警察蛮横无理的干涉和镇压。在这次大型反日活动中，许亨植等三十多名朝鲜族青年被捕。在狱中许亨植受尽了酷刑，但他坚强不屈。直到1931年九一八事变后，经党组织营救出狱。回到宾县后，他深入到乌河、汤原、珠河（今尚志）等地发动群众，组织抗日宣传，在当地组织成立农民反日会和自卫队，动员许多青年参加反日义勇军，领导进行反日斗争。

1934年6月，以珠河游击队为基础吸收一部分义勇军和反日山林队，正式编入东北反日游击队哈东支队，赵尚志为司令，李兆麟为政委，下设三个总队，五个大队。许亨植任东北反日游击队哈东支队政治指导员、第一大队大队长，率部参加创建珠河抗日游击区。

1935年1月，在纪念上海抗战三周年的日子里，东北反日游击队哈东支队在珠河县改编为东北人民革命军第三军，许亨植在东北人民革命军第三军任团长、团政治部主任、师政治部主任。曾在哈尔滨东部地区指挥攻破延寿县柳河子的据点及高力营子、拉拉屯、五道岗、十八层甸子等战斗，摧毁敌人设施，有力打击了敌人嚣张气焰，扩大了人民军的政治影响，推动了抗日统一战线的发展。许亨植在战斗中初显军事指挥才能。他率领部队参加了1936年冬季反“讨伐”作战，在孙灵阁山附近与敌人遭遇。敌人有五百多人，又有重装备情况下，许亨植沉着应战，指挥部队与敌人展开了激烈战斗。打死打伤日军八十多人，缴获了大量武器装备，然后率部迅速安全转移至郑金店一带开展斗争。

1937年6月许亨植调任东北抗日联军第九军政治部主任，率部在勃利、方正、依兰一带开展抗日游击战。为提高指战员的思想觉悟，增强部队战斗力，他开办了三期短期训练班，培训了一百多名骨干，对提高部队指挥员的军事素质和思想觉悟起了重要作用。

1938年秋，日本侵略者把抗联活动最活跃的三江省（今黑龙江东北部）作为“治安肃正”的重点地区，动员日军三个师和伪军五个旅，共计六万多人开始为期三年的三江省“大讨伐”。为适应急剧变化的形势，北满临时省委召开了第八次常委会议，做出了整编三军成立四个师的决定，许亨植调任第三军新编三师师长，对原三师和五师的部队进行整顿，大大提高了部队战斗力。

1939年4月，中共北满省委召开第二次执委扩大会议，改组北满省委，成立了金策为书记的新省委。会议决定以北满的抗联三、六、九、十一军为基础，成立抗联第三路军，许亨植任东北抗联第三路军总参谋长、第三路军第十二支队政治委员，指挥所部在松嫩平原开展抗日游击战，先后进入兰西、肇州、丰乐镇等地进行战斗，缴获大量武器和物资，取得重大胜利。

1940年春，由于伪甲长告密，部队遭受突然袭击，损失严重。许亨植克服重重困难，率支队坚持战斗。同时大力发动群众，建立了许多抗日救国会组织，鼓舞北满广大人民群众，积蓄新的抗日力量。

1941年夏，日本关东军主力从四十万人激增到七十万人，对抗日联军进行更加疯狂、残酷的“讨伐”，使东北抗日活动处于极端艰难的环境之中。为了保存实力，抗联第三路军的主力转移到苏联境内整训，只留下少数力量，分成两支小分队，与日军周旋。许亨植负责领导指挥部和第六、第十二支队留下来的人员，在白山黑水间同日伪军进行艰苦卓

绝的斗争。

1942年7月下旬，许亨植带领警卫员陈云祥来到巴彦、木兰、东兴一带检查指导工作。他听取了张瑞麒的汇报，详细了解小分队在东兴、二道河子、三道河子工作情况，对小分队秘密建立抗日组织和发展抗日会员表示非常满意，对其取得成绩给予充分肯定。8月2日下午，许亨植在警卫员和张瑞麒派出的战士王兆庆的护送下离开五顶山，准备经铁力返回指挥部驻地。为躲避日伪军，他们避开大路，在人迹罕至的深山野岭中穿行，一天只走十多公里。当天傍晚来到青峰山附近的少凌河畔上游。这里，群峰耸立，峡谷幽静，许亨植同两名战士忍着蚊虫叮咬、夜露侵袭，就地露营。第二天清晨，警卫员陈云祥烧火做饭，由于地势低洼，炊烟迟迟不能散去。就在这时庆安县日伪讨伐队发现山谷的炊烟，带三十余人偷偷包围上来。寂静的山谷里，忽然传来异常的响动。许亨植立即打一个手势，三人迅速隐蔽起来，做好战斗准备。

密营中的东北抗日联军将士

敌人在不知道我方人数的情况下，不敢轻举妄动，在远处不断喊话劝降。许亨植三人分别以树木和山石为掩体进行射击，将仇恨的子弹射向敌人。战斗相持两个多小时，我方击毙讨伐队多人，彼此也都受了伤。于是，敌人打消了活捉、劝降的念头，一批批地扑上来。许亨植向两名战士下了命令："快，你俩分头突围，不要管我。"

两位战士不肯丢下首长，架起他要冲出重围。但没走几步，警卫员陈云祥的胸部中弹。许亨植把王兆庆推开说："快走。"王兆庆忍痛告别许亨植，向其相反的方向冲去，消失在密林深处。这时一颗罪恶的子弹射入许亨植的头部，他咬紧牙关把枪中剩余的子弹全部射向敌人，才慢慢地倒了下去。王兆庆脱险后，立即向分队负责人张瑞麒汇报了许亨植与敌人遭遇的情况。第二天，张瑞麒带几名战士来到许亨植和陈云祥的遇难地，准备掩埋战友的尸体，并寻找遗物，可是，在河滩上只发现了两具残肢，遗物早已不知去向。

木兰抗日救国会派出人去庆安打探消息，证实了敌人残忍地把许亨植和陈云祥的头颅割下来挂在庆安县城内示众。许亨植壮烈殉国，时年三十三岁。

许亨植同志为国家的独立，民族的解放，忠心耿耿，奋战一生。他的不朽业绩和崇高精神，将永远是我们学习的榜样。

（本文选自牡丹江新闻网）

宁死不屈女军工

——记东北抗联缝纫队队长、女英雄安顺花

文 / 李来梓

1937年3月下旬的一天中午，黑龙江省宁安附近的山峦和树林里，一位年轻的朝鲜妇女在蜿蜒的山道上踏着厚厚的积雪，快速地赶路。她就是东北抗日联军第二军独立师四团缝纫队队长安顺花。

冰封的山道，行走困难。寒冷的天气，又增添了阴郁的气氛。安顺花的耳畔又响起了团政委送行时说的一段话：“战争将越来越严峻而残酷。根据‘分散扎营，保存力量’的原则，部队将向南转移，进入原始森林。团党委考虑到缝纫队都是女同志，没有做出统一转移的要求。你到队上可以动员大家先回家，等情况好转再回来。如果队员们决意随队转移，一定要做好转移的准备工作……”

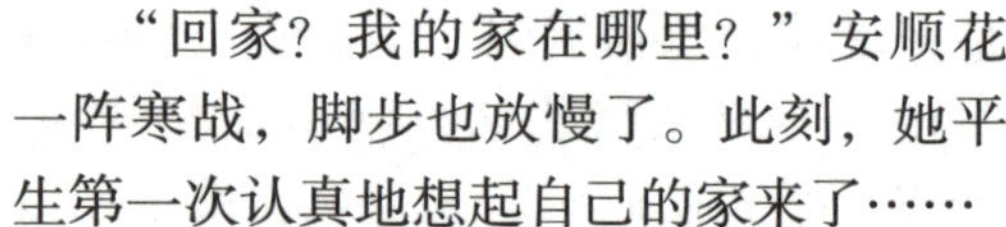

“回家？我的家在哪里？”安顺花一阵寒战，脚步也放慢了。此刻，她平生第一次认真地想起自己的家来了……

1909年，她出生于朝鲜咸镜南道瑞川郡农家。十五岁时，父亲将她嫁给李凤珠为妻。婆家也一贫如洗，她和丈夫一家离乡背井，从朝鲜来到中国吉林省，在珲春东炮台当佃农。然而，日本侵略者又在蹂躏中国东北大地，他们暂时的栖身之地也不再安宁。

1930年10月，安顺花和丈夫一起加入了中国共产党领导的“反日会”，组织上让夫妻俩担负通信联络工作。次年1月，她加入了中国共产党。1932年4月，安顺花的丈夫李凤珠被党组织调到金区党委工作。敌人加紧了对她及其一

家人的监视，处境很危险，组织上决定她到烟区游击队去。她毅然带着公婆和两个孩子投奔了游击队。

1934年4月，安顺花带领的缝纫队跟随东北人民革命军第二军独立师四团，开始了艰辛的军工生活。从珲春到汪清，从金仓到宁安，频繁转移，紧张生产，历尽千辛万苦，付出了沉重的代价。一次，只有八位缝纫工的缝纫队接受了两天内赶制几十套军装的任务。又赶上敌人的大“扫荡”，缝纫队只好把缝纫机搬进芦苇荡里。她带领大家泡在一尺多深的冰冷的水中争分夺秒地工作。她忘记了寒冷，忘记了饥饿，也忘记了带在身边正在发烧的不到一岁半的小儿子。突然，苏醒过来的小儿子大声地啼哭起来。糟糕！日军在芦苇荡外巡逻，暴露了目标就什么都完了。她为了缝纫队的安全，立即拿块破布把孩子的嘴堵起来，低声地说：“你要把日本兵喊来呀！”后被同伴金贞善发现，赶紧把破布掏了出来，但孩子终因疾病，离开了人世……

她是一个感情丰富的女性，爱丈夫，疼孩子，孝顺老人。但强烈的军工责任感，使她坚强地压制着悲痛。那是烟区大捷的日子里，部队人员大增，上级要她们缝纫队一周内完成五百多套军衣。虽然缝纫队也增加了不少工人，但要按时完成这项任务困难很大。正在这时，家中捎信说公公病重，二儿子因没有鞋子穿冻伤了脚。同伴们劝她做双鞋，顺便回去看看，可她说：“新入伍的抗联战士等着衣服穿，我怎能回家呢？”她照样投入了紧张的生产。一连几天几夜没合眼，走东家，串西家，发动老百姓协助缝纫队赶制军装，还动员了不少男战士帮助缝扣眼。结果，任务按期完成了，可家中的噩耗也传来了：在一次大“扫荡”中，公公、婆婆和二儿子都被敌人杀害了，她在中国的家也不复存在了！

想到这里，安顺花的眼睛模糊了，连出现在眼前的缝纫队驻地都几乎辨不清了。

“安姐回来了！安姐回来了！”姐妹们像往常一样，向她们的队长问个不停。她原原本本地传达了党委关于随主力向原始森林转移的命令。

“安姐！没有缝纫队，抗联战士穿什么？光着屁股冻死啊？你还是带着我们随部队一块走吧！再苦也吓不倒我们……”

“安姐！你这个朝鲜人为中国的解放事业什么都不怕，难道我们中国人有脸当怕死鬼吗？你就放心地带着我们走吧……”

安顺花望着姐妹们，所有的担忧与悲伤全没有了。她含着热泪激动地说：“感谢你们！我的好姐妹，让我们拧成一股绳，坚持到革命胜利的那一天吧！我相信胜利是一定会来到的。”

第二天就要启程了，姐妹们劝安顺花去团卫生队，向她在卫生队担负领导工作的丈夫李凤珠告别。当晚，夫妻见面，安顺花从丈夫口内得知了大儿子李柱浩和收养大儿子的大娘昨天被日军杀害了。安顺花如雷轰顶，头晕目眩，两腿发软。半晌，才不顾一切地扑向丈夫怀中，叹息自己不幸的命运……

她结婚十五年，经历过四次分娩的痛苦。可两年内，四个儿女都在抗日的艰苦环境中被日本侵略者害死了（小女儿也是在一次反“讨伐”中死去的）……

安顺花心疼儿女，痛恨日本强盗。

缝纫机

坦的石板上开始剪裁，染整员架起了铁锅开始染布。安顺花是个多面手，处处都有她忙碌的身影。论剪裁，她是队里当之无愧的技术权威。无论男女战士，无论体型是否特殊，只要在她跟前一站，就可裁一套合体的衣装。

由于她工作出色，她的名字被列入东北抗联的军工史册，她领导的缝纫队被誉为“出色的缝纫队”。

1937年3月26日　清晨，哨兵跑来向安顺花报告“敌人来了”。她立即组织大家把粮食、布匹、弹药和缝纫工具，埋藏在两米多深的山涧积雪下面，然后向山顶撤退。

大约上午9点钟，天飘起雪来。大雪给她们行军带来了困难。敌人的喊叫声越来越近，枪弹打在树干上，枝条乱飞。安顺花完全了解眼前的处境，要想摆脱敌人的追踪已十分困难了。在这万分紧急之时，她毅然决定引开敌人，保存缝纫队。

安顺花命令大家继续向山顶撤退，自己向另一个小山坡的一片丛林跑去。队员们不愿丢下自己的队长，尽管她严厉地命令她们快撤走，但裁剪员金贞善决意留在她身边。她俩故意暴露目标吸引敌人，来到丛林一片洼地向敌人开枪。随后跑向另一片丛林深处。日军终于都朝她俩追来了。突然一颗子弹打中了金贞善。安顺花拖着金贞善奋力向前爬行，在一棵美人松下将她掩埋在一个小坑里。

安顺花继续和日军周旋。当她看见几个日本兵在不远的空地上号叫时，扣

她默默悼念儿女，决心抗日到底。

她把明天随部队向原始森林转移的事告诉了丈夫。丈夫安慰她、鼓励她，选了一些药物包好，递给她。她向丈夫默默地点点头，忍痛含泪而别。

回到缝纫队，军工姐妹们已进入出发前短暂而宝贵的梦境。安顺花再次仔细地检查了缝纫工具和一捆捆布匹，在昏暗的烛光下摊开印制粗糙而发黄的地图，用手指仔细地在上面缓缓移动，用哭干泪水的红肿眼睛认真地辨别着上面的山冈、森林、村落和敌人的据点……

清晨，天还没有怎么亮，山峦和丛林仍然被浓厚的雾霭笼罩着。一支由几十名女军工组成的缝纫队，踏着冰霜出发了。走在这支队伍前面的正是队长安顺花。缝纫队小心翼翼地前进。夜幕降临了，山野变得异常寂静。安顺花率领的缝纫队同严寒、饥饿、疲劳搏斗了整整一天后，终于在宁安头道沟安营扎寨。

此时，是她们安全工作的时机。她们不顾疲劳地布置了生产场地。半个小时之后，缝纫机开始转动，裁剪员在平

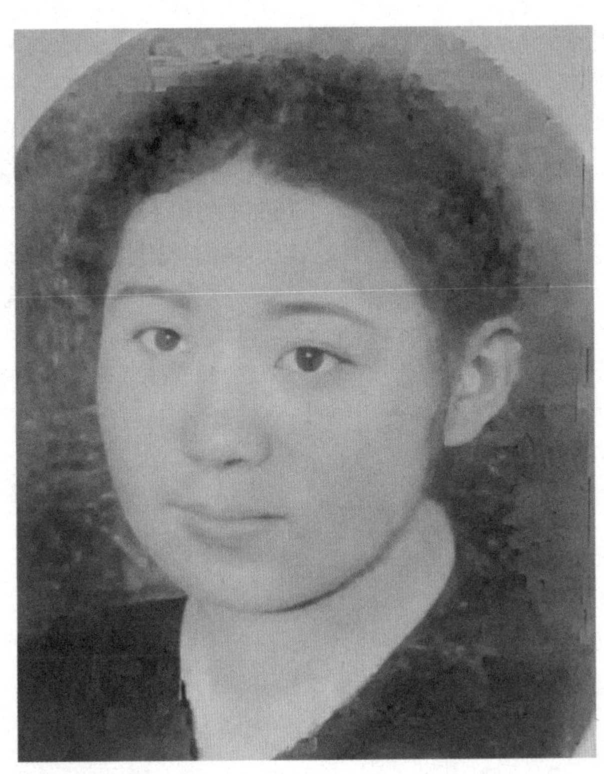

安顺花

动了扳机。可是，枪膛里的子弹已经打完了。她把枪埋进雪地后，直奔东南方的一座岩洞。

没跑多远，敌人开枪打中了她的双腿。她来不及包扎，使出全身力气朝前爬行，鲜血染红了雪地。

呼呼的寒风，像一把钳子似的夹住了安顺花的双腿，她实在无力动弹了，躺在雪地上昏了过去。

“把这个活共产党带走！”一阵野兽般的喊叫和狞笑声，使安顺花清醒过来。她睁开眼睛一看，周围是一群张牙舞爪的敌人。一个汉奸拿张画像对着日寇比画着说：“她就是缝纫队队长安顺花。”

敌人把安顺花带到缝纫队的营棚前，对她轮番进行惨无人道的审讯。

“衣服埋在哪里？只要你说出来，保你一条命。”汉奸们吼叫着。

“你们是中国人的败类，活着还不如一条狗！”安顺花怒斥道。

日本军官乱吼几声，几个日本兵和伪军使劲撕扯安顺花的头发。那波浪一样卷曲的头发一把把散落在雪地上……

日军见安顺花只字不吐，恶狼般撕掉她的上衣，残忍地砍掉了她的双手——这双为人民革命军战士做过无数件军装的灵巧的手，溅着鲜血，落在雪地上……

安顺花再次苏醒过来时，残忍的日本军官吼叫：“军衣埋在哪里？”安顺花面无惧色，两眼冒出愤怒的火星。日军疯狂地叫起来：“钉木楔子，送她上西天！”

刽子手们挥舞着削好的木楔子，扑向安顺花。一根，两根，三根，四根……直钉向安顺花的胸部和腹部。

一棵青青的挺拔的长白山美人松被折断了，倒在冰封的雪地里。

两天后，安顺花的同伴们找到了她。她们不忍看安顺花被强盗糟蹋后的惨状：她苍白的脸像大理石一样，双眉由于极度痛苦而紧紧地皱着，冰霜染白了她的眉睫，几缕轻柔的卷发在寒风中抖动，四根木楔子竖在她的腹部……她仰卧雪地之上，仿佛沉睡在梦中，两眼直直地盯着南方那片高高的天空。在那个方向，有她的亲人……

同伴们给安顺花穿上新装，盖上了一面缝纫队的队旗，缓缓地把她抬到埋过缝纫机和军装的土坑里，默默地安葬了她们永生难忘的领头人。这位年仅二十九岁的朝鲜籍抗联战士，从此长眠在中国的土地上。

（本文选自解放军出版社《中国共产党抗日英雄传》）

“横山母亲”与《大众日报》的“横山岁月”

文/孙 巍 卢 鹏

报纸在山洞中坚持出版

1941年秋，抗日战争进入最艰苦的阶段。当年秋天，日军发动了对沂蒙山区规模最大、时间最长的“扫荡”。《大众日报》刚创办两年零九个月，为保存好这个正在生长中的“革命幼儿”，大众日报社莒县印刷所的人员，用五匹骡子驮着报社的设备材料，转移到莒县横山根据地后横山村。这个小山村，坐落在横山的山坳里，山高涧深，交通闭塞，便于隐蔽和转移。

张大娘的丈夫张树贵当时是党员，报社人员就住在他和另外几位同志的家里。张树贵接受了党组织交给的协助和保卫《大众日报》的任务后，与弟弟张树山发动村民，配合报社工作。张大娘当时刚生下了第三个儿子，拖着依然虚弱的身子，与村里其他妇女一道，照顾报社人员的饮食起居。“当时住在俺家里的两口子，女的也快生了。在俺家一直住到他们孩子出生。”事情已经过去多年，张大娘说起当时的情形还是很激动。

在村民们的帮助下，报社人员将拆卸装箱的印刷设备，藏在村东南巨石林立的大山沟狼石涧里，又将油印机、纸张等刻印材料藏到村后的山洞内。报社的人员，在分销处负责人老黄的带领下，不分白昼，轮班在洞中写、刻、油印，坚持出报，然后由交通员化装成做生意的商人，分送到根据地军民手中。张树贵等民兵骨干，轮流为报社站岗放哨。

狼石涧的那座山洞，现在人只有弯下腰才能进得去，里面只有不到三米深。

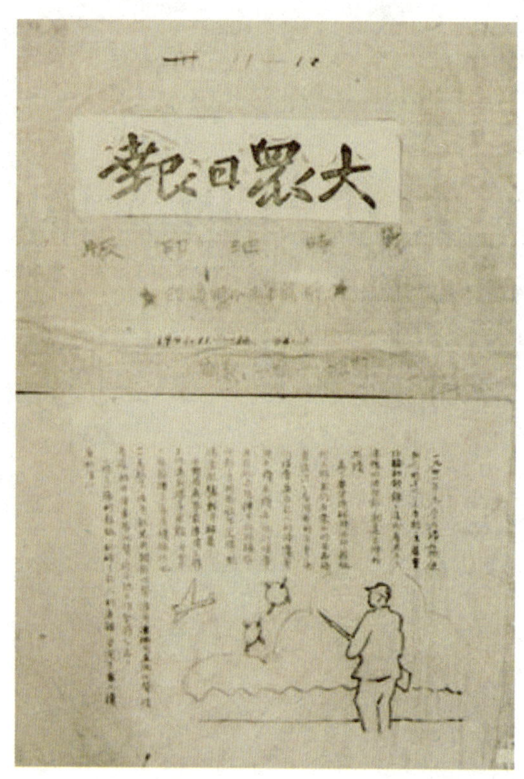

大众日报

战时油印版

《大众日报》战时油印版

《大众日报》创刊地印刷所旧址

当地人说，早年洞口比现在大，而且深得多。而当年的日伪军恐怕不会想到，这样一张影响力越来越大，生命力旺盛，令他们坐卧不宁的报纸，竟是在如此一个山洞中出版的。

严刑拷打之下什么也没说

平静的日子没过多久，1941 年 9 月 13 日，盘踞在莒县县城的日伪军出动，“扫荡”后横山村。张树贵接到日军“扫荡”的情报后，立即组织民兵掩护报社人员埋藏机器，转移设备和人员。张大娘把刚刚为报社人员烙好的一摞大饼藏到村前的黄豆地里。她心想，千万别叫敌人翻出来，否则敌人会知道这里驻扎过部队。她又到各户看了一遍，确认没留下什么东西，才抱着刚出生还不满百日的孩子往外走。刚走到村头，就让敌人堵了回来。

敌人乱翻一气没找到什么有价值的东西，就用枪托把张大娘打倒，一个汉奸抢走她怀里的孩子，威胁她说出八路军的下落。张大娘咬着牙说不知道。敌人举起孩子，狠狠地摔到炕上，孩子一下子没了哭声，张大娘昏死过去。敌人又用冷水将她泼醒，对张大娘施刑，灌凉水，灌进去再用脚踩着肚子，让张大娘吐出来。张大娘被折磨得几度昏死。敌人从晌午一直折腾到太阳偏西，三个多小时过去了，也没从张大娘嘴里得到什么。最后，他们在村里放了一把火，悻悻而去。

“俺三儿当时没断气，挨了两天死了。”九十一岁的张大娘讲起那段经历时，不由得抹起眼泪，“鬼子打我，灌了水再用脚踩出来。要我说哪里藏着八路的东西。我没说，我不会告诉他们的。”

很满足现在的生活

张大娘原本身体很好，耳不聋眼不花。但那次受刑后，她的气管落下了病根，经常咳嗽。周边有学识、懂历史的人都叫她“横山母亲”。

张大娘只是个代表。当时，整个横山地区是有名的“红区”，当地有“前横山，后横山，八路来了住不完”的顺口溜。八路军在这里驻扎得稳，待着放心。横山根据地的群众，采取各种办法支持《大众日报》的工作，在当时艰苦危险的环境中，他们还千方百计从敌占区买来了四十公斤铅块。

一位位“横山母亲”的悉心照料，使这张幼年的党报免于敌人的摧残，《大众日报》一直坚持出版发行。1942 年，报社迁到中共山东分局驻地莒南县境内，结束了这段艰辛的“横山岁月”。张大娘和老伴张树贵当年为《大众日报》和八路军作出过巨大贡献和牺牲，却从未伸手向组织要求过什么。“好日子，真好啊。”张大娘十分满足现在的生活：村里吃上了自来水，水泥路直接修到了后横山村。

（本文选自《大众日报》）

游击队的好妈妈

——记东江纵队交通情报员李淑桓

文/王　曼

李淑桓

李淑桓出生于广东鹤山（今鹤山市）一个清朝贡生之家。幼年随父亲在广州办私塾，她旁听，从小熟读四书五经，得知中国历史上众多爱国人物。1913年，她与同窗郭福荣结婚，三十六岁时已有七个子女。由于丈夫失业，李淑桓带儿女漂泊到了香港，在九龙租房开办时修学校。她很关心国内外大事，尤其对日本不断侵占祖国的国土，痛恨不已，在课程中加入抗日救国的内容，并写了一首题为《哀国难》的词。

1938年的元旦刚过，失业在家的长子显承，向她提出去延安陕北公学读书的要求。淑桓一时感到突然，为什么要

跑那么远去读书呢？儿子说，这不是一般学校，它是共产党为有志抗日救国的青年办的。李淑桓心动了。儿子出发那天，她兴冲冲地带着显承的弟妹们到尖沙咀火车站送行，一再叮咛："今日远去，望你有志而成。"

这一天，她结识了同来送行的香港惠阳青年会总务长刘宣。刘宣是共产党员，跟曾生一起在香港做地下工作。这次会面，是她政治思想走上新道路的开端。

李淑桓认识刘宣后，经常被约请到"惠阳青年会"（简称"惠青"）参加各项活动，工友们尊称她"郭太"。最令她难忘的一次是听著名革命家何香凝关于"号召全国人民团结抗日，抗战必胜"的演说。何香凝论述了抗战必胜的许多有利条件，指出只要全国人民团结一致，就一定能取得胜利。这使她备受鼓舞。

1938年10月，日军在广东大亚湾登陆。香港掀起了抗日救国热潮。中共香港市委在各社团中动员、组织男女青年回内地参加抗日救亡工作。李淑桓得知"惠青"组织第三批救亡工作队回东江时，立即跑去代女儿云裳报了名。

原来，云裳参加了"惠青"和"晨钟社"抗日救亡活动，曾多次提出要上前线做救护工作，李淑桓都没有答应。她只有一个女儿，想让女儿留在身边继承她的教育事业。但随着她爱国抗日的觉悟不断提高，她的想法有了改变。女儿临出发那天晚上，她边收拾行装，边说："你既有志抗日救国，就应像雄鹰一样翱翔，你的名字应改一改，就叫云翔吧。"女儿接受了妈妈的教诲，改名云翔。在漫长的革命征途中，不论遭遇什么挫折，云翔都没有向困难低头。

淑桓的六子显怡（现名郭际），1938年就读于海华学校（校长曾振声，即曾生）。1938年12月，惠宝人民抗日游击总队在惠阳成立，曾生出任总队长，立即挥师解放淡水镇，云翔也从工作队转到游击队来。此时，海华学校动员青年学生回惠阳参加游击队。显怡很想当个"红小鬼"，找妈妈答应让他去。淑桓沉思片刻，问道："你才十三岁，人家接收你吗？"

"老师说，游击队里有许多十二三岁的'红小鬼'，我去正合适呢。"

淑桓笑了："你年纪还小啊！你去能干什么？"显怡说："游击队队长是我们校长。游击队除打日本鬼子外，平时要学文化、学革命道理，要做宣传工作，要帮助老百姓劳动。姐姐她参加了，她会照顾我，你就放心吧。"李淑桓终于同意了。

她翻开箱柜找出一块块碎布，给显怡缝了一件夹背心。显怡出发那天，寒风飒飒，他穿上这件暖着心窝的夹背心同几位小战友离开香港，奔赴淡水。自显承、云翔、显怡走后，留在身边的四个儿子，不久也先后被送往共产党领导的抗日部队。

那是1939年5月，李淑桓第二次应邀参加慰劳团到惠阳坪山慰问惠宝抗日游击队。临走时，她带上自己从各处募捐到的一百双胶鞋和一批毛巾、肥皂、洗衣刷，把十六岁的显和、显乐和年仅九岁的显隆也一起带上了。

到坪山的第二天，她领着儿女们，由部队同志陪同到连队参观。听战士们上政治课，观看他们军事操练，找战士们谈心。她试探着问随行的显和三兄弟："怎么样？想不想跟姐姐和显怡一样也参加游击队？"显和三兄弟连连点头，说："想呀！"淑桓高兴了，亲昵地说："这

东江纵队游击队员在行军中

位于东莞市大岭山镇大王岭村的情报交通站旧址

就对了，你们要做个有志气的青年，拿起枪杆子，抗日保国家。”

显怡说：“显隆才九岁，参加部队太小了点吧？”

“先给报个名。”

部队在坪山圩召开欢迎慰问团群众大会，部队首长请李淑桓上台讲话。她健步走上主席台，又把五个子女也叫了上去，对台下的战士和群众说：“我的儿子显承已在陕北参加了八路军，三儿子显绪在香港宝安青年会搞抗日救亡工作。其余的统统在这里，我现在把他们都交给部队。最小的这个才只有九岁，先报个名，待他长大一些再送来。抗日人人有责，我没别的本事，就尽我这份责任吧。”

李淑桓的话，引发了台上台下长时间的热烈掌声。慰劳团把此情此景拍成电影，在香港和南洋各地播放。战士们亲昵地称她为“游击队妈妈”。

1941年国内风云突变，继震惊国内外的皖南事变之后，广东也发生了三八坪事变。国民党调集大批军队悍然向坚守在惠（阳）东（莞）宝（安）抗日前线的曾生部队和王作尧部队发动进攻，曾、王部队被迫向海（丰）、陆（丰）地区转移。香港的抗日进步团体也相继被迫转入地下活动。

李淑桓此时已参加了中国共产党，直接领导的宝安青年会，当了执行委员。

她和小儿子显隆的生活费主要靠夫妻二人微薄的工资来维持，常常因一时接济不上而断炊。在这困难时刻，又增添了新的负担。东移到海陆丰地区的部队，在战斗中有许多失散的同志。他们到香港来李淑桓家找联系，她家一时成了联络站和收容所。李淑桓义无反顾地挑起了这副重担。有家在香港的，她先去对其家人做好工作，送回家去暂住。在香港没有亲友的，则帮助他们去余闲乐社、“惠青”联系安排。这些同志虽是临时食宿在她家里，但给李淑桓的经济上带去很大压力。然而这位游击队战士的母亲却坦然地对他们说：“你们的困难也是我的困难，我有吃的，绝不会饿着你们。”

淑桓想方设法安排他们生活。仅有的十二平方米的房间里，她自己睡的大床加块床板，再不够则打地铺；人多实在睡不下时，就叫他（她）们轮流坐着睡。米不够，煮饭时她就多放点水煮粥，不让同志饿肚子。

李淑桓的革命活动，引起了敌人的注意。香港的党组织为了她的安全，把她母子接到设在九龙的一个秘密交通站。她总觉得自己还能为抗日、为部队多做些工作，便不顾丈夫刚病故留给她的痛苦，向党组织提出到游击队工作。经组织批准，1941年4月，她带着年仅十一岁的显隆投奔东莞大岭山游击区，参加了曾生领导的抗日游击队。她在游击队的医院里教文化，大家称她“郭妈”。

不久，曾生总队长专门派干部安排李淑桓到大塘村联络站，接替党员徐幽明，担任东江纵队交通情报员工作。至此，李淑桓老妈妈一家八口人，都在抗日前线，成为人民军队中光荣的一家。

（本文选自解放军出版社《中国共产党抗日英雄传》）

蔡畅帮我们缝棉衣

口述/邹　衍　整理/谢智伦

邹衍，江西兴国人。1915年11月生，1928年参加党领导的秘密农民协会，1930年6月加入中国共产主义青年团，1930年9月参加中国工农红军，1935年6月转为中国共产党党员。历经中央苏区一至五次反“围剿”和二万五千里长征。1955年被授予少将军衔。

1934年10月，红军第五次反“围剿”失败后，进行了战略转移——长征。那年我十九岁，在中央红军总政治部任通信班长，经常往返于总部和毛主席、周副主席、朱总司令等中央领导同志之间，传递机密情报和重要信件。

1935年6月，我随中央红军强渡大渡河，来到夹金山下。这是中央红军长征中要爬的第一座大雪山。那座山海拔四千多米，山下人烟稀少，粮食奇缺。因先头部队传来消息，走在前面的部队由于事先准备不足，有的战士在翻越雪山时被冻死。领导要求我们立足现有条件，做好过雪山的准备工作。在以前的行军中，为了减轻负担，我们除了留件换洗的衣服外，把其他东西都扔了。在没有棉衣御寒的情况下，大家想了个办法：把两件单衣套在一起缝上，中间再絮些保暖防寒的东西。我当时将总政肖向荣秘书长送的一件夹衣拆开，找了一些破碎羊毛准备絮上，可不知怎么下手，其他同志也是手忙脚乱，不知怎么办。正在为难时，总政代主任李富春的爱人蔡畅大姐来到我们身旁。她先教我们絮，又拿起针线给我们做示范。我们围坐在篝火旁，蔡大姐一针一线地教我们。在她的帮助下，我们终于有了自己的御寒衣。

第二天开始爬山。那座雪山一上一下就是七八十里。天一亮，我们就出发了，走到山脚下时，四周的田野绿油油的，天气很热，大家走得浑身是汗。走到半山腰时，天气突然变凉了，再往上走就变得更冷了，大风呼啸，大雪纷飞，呼吸也感到十分困难。我们踏着深深的积雪，腿也开始发软，越往上走越感觉到缺氧。有的战士想休息一下再走，结果就再没有起来。

我当时刚由共青团员转为正式党员，正是凭着一种对党的坚定信念，一步一步地爬过那座大雪山的……

今天，我们的条件发生了翻天覆地的变化，但我认为勇于吃苦的精神任何时候都不能丢。

（本文选自《解放军报》）

“将军楼”里的红色记忆

文/李关平　郭树护

在战火纷飞的年代，一座只有六户人家的客家村庄，冒着生命危险为琼崖纵队提供掩护和支持，捐银圆，送大米，破坏日军电线、道路，帮琼纵战士泅渡，和琼纵战士吃住在一起，日军拿刀架在脖子上，村民也不吐一字……

历经日军的多次“烧”“抢”，村庄差点被夷为平地，村民屡遭磨难，不变的是忠诚的红色信仰。

村中原来用来防御土匪打家劫舍的三层碉楼，成为琼崖独立总队第四支队的临时驻地和防御敌人的堡垒。枪眼和弹痕依旧，岁月的流逝洗刷不掉村民心中的红色记忆。

一座有历史的红色村庄

这里依山傍水，宛若世外桃源。村里有一座像四合院一样的围屋及碉楼，这几乎是儋州客家村庄民居的标志。围屋已经修缮翻新，但是碉楼的原貌似乎是村人刻意保留下来，碉楼里的“枪眼”和“弹痕”时刻在提醒着人们这是一座有历史的村庄。

钟明定

“客家的碉楼本是用来防御土匪，但是江茂村这座唯一的碉楼是用来打日军和伪军的。”钟明定用手抚摸着落灰的墙壁，饱含深情地说。他是从这座村子走出去的琼崖纵队革命战士。

1942年，抗日政权儋县联乡办事处（共产党县级抗日民主政府）派民政科科长王茂松来到江茂村，发动民众建立人民武装，成立了十几名青壮年参加的民兵小队。从此，江茂村点燃了抗日的火种。

自从日军来后，粮食藏不好就会被抢走，壮年男子被拉去建炮楼，妇女要经常进山躲藏……民不聊生，村民提心吊胆地生活着。

琼纵著名指战员曾驻扎于此

江茂村地处儋州中部丘陵地带，山丘众多，植被茂密，而且依山而建，又接近当时革命斗争激烈的区域——南正山（也称“南井山”），军事位置突出，琼崖抗日独立总队第四支队经常在此地休整。

钟明定至今还记得，1942年的一天中午，琼总第四支队又来到村里休整准备过夜了，村民们拿出家中的大米、地瓜等给他们做饭，村中的制高点——三层碉楼上面的枪眼里能看到伸出的枪口。

那一年钟明定只有十五岁，当天发生了一件令他难忘的事情。他从河边游泳回家准备吃饭，看到家中来了一位共产党军官和父亲聊天，腰里还挂着手枪。当时钟明定盯着手枪看，心想要是能发给自己一把手枪那该多神气啊！

不料那名军官打量了他一番，还拍了几下他的胸膛，笑呵呵地对钟明定的父亲说：“你儿子是个当兵的料啊！”说着解开皮带，取下手枪挂在了钟明定的身上。“我当时乐坏了，向这位军官敬礼，神气十足！”钟明定说。

钟明定后来才知道，这位衣着朴素的军官不是别人，正是当时琼崖总队第四支队一大队大队长、中华人民共和国成立后任海军广州基地副司令的潘江汉。

据儋州市史志办考证，除了潘江汉，还有马白山、陈青山、符志行、符志洛、江田、郭壮强、李继唐等琼崖纵队的指战员先后在江汉村驻扎或战斗过。中华人民共和国成立后，他们先后成为我军副军级及以上军官，其中马白山、陈青山被授予少将军衔。他们住过的碉楼也被儋州人称为“将军楼”。

两度遭遇敌人烧村

钟亚畅也是从江茂村走出去的琼崖纵队战士，抗战时期他是琼崖纵队江茂村的交通站长。

1943年春夏之间，共产党领导的琼崖抗日独立总队实施反“蚕食”、反“扫荡”的战略计划，派出四支队一大队准备从江茂村、冷密村出发，挺出外线，开辟“四里”根据地。不料亲日的国民党游击队符藻英大队突然占领江茂、冷密等村，企图拦截我军通过洛基根据地进入“四里”的必经之路。

8月14日凌晨，潘江汉带领部队，由农民刘光汉做向导，渡过雅拉河，早上6时许开始进攻。部队以灵活的运动战，击毙七个敌人，打伤敌人十多人。战斗一直持续到了中午，敌人不得不撤出据点，江茂村碉楼也回到村民手中了。而这场战斗中，敌军在江茂村的布防情况等情报，早被交通站长钟亚畅等“地下”交通员在战斗前送出，村中的民兵还里应外合，为战斗的胜利发挥了重要作用。

随着时间的推移，江茂村的“红色”身份也开始逐渐暴露，因此也遭到了日军、伪军、国民党军猛烈的“扫荡”。钟明定告诉记者，当时村和村之间都有“联动通报机制”，敌人一出现，最先发

钟明定

碉楼墙壁留有射击口

现的村庄就会派交通员向周边村庄报信。就这样，每次敌人到江茂村“扫荡”时，村中老少就会跑进附近的深山老林里躲藏。但是带不走的东西就会被敌人“抢光”“烧光”。村中只有六户，共五十多人，人少转移速度较快，人能安全转移，但是房子经常被烧，其中有两次村中房屋几乎被烧光了，就连三层的碉楼也几乎坍塌。

每次被烧村后，第四支队都会秘密潜入村庄帮村民重建家园，并带来粮食，甚至是银圆。被战火洗礼过的三层碉楼，也经过军民的修缮保存了下来，只是碍于当时的人力、物力，只恢复了两层。

户户皆“堡垒”人人皆“战士”

在江茂村，当时只有五十多人的村庄先后就有十多人参加了琼崖纵队。

当时只要琼崖纵队的部队一到村里，村里人有大米就拿出大米，有地瓜就拿出地瓜，还有村民用自己种的甘蔗煮出的糖招待琼纵战士。琼纵战士也帮助村民盖房子，下地干活。只有少数人住在百姓家中，大多数战士都是露宿在村边，他们从村民家中拿来火灰撒在周边，防止蚂蟥的“袭击”。

军爱民，民拥军。有一次，一小队日军进村“扫荡”，钟明定的父亲和钟亚畅被抓来盘问。“有没有共军？”由于他们说的是日语，钟明定的父亲听不懂，便装作应付点点头，不料日军以为有琼纵的官兵藏在村中，立刻拔出日本军刀架在钟明定父亲脖子上，逼问下落。所幸钟亚畅连忙通过翻译官解释，日军一番“扫荡”也未发现我军踪迹，钟明定父亲的项上人头才保住。

村中的民兵经常破坏附近日军、伪军据点的设施。钟明定有一次亲手砍断了日军的两根木制电线杆和电线，还挖断了伪军的一条交通线路，遭到附近日军碉楼上机枪狂扫，险些丢了性命。

在解放战争中，江茂村组织运输队、担架队，配合琼崖纵队战斗。1947年，洛基乡乡长来到江茂村宣传发动，全村捐款二百多块银圆，作为洛基民兵作战物资，一批青年还参加攻打洛基乡反动派据点的战斗。1948年，解放区土改运动中，江茂村成为洛基乡的土改试点村。

1983年12月，潘江汉在钟明定的陪同下，再次回到了江茂村。潘江汉认为江茂村最大的堡垒不是碉楼，而是百姓家，他形容江茂村在抗战时期户户是“堡垒”，人人皆“战士”。钟明定还记得潘江汉当时告诉乡亲们：“江茂村有山有岭，有森林有江河，地理位置好，打出去收得回。自然条件好，队伍开进来，没有米饭吃，吃红薯也能吃得饱。更重要的是，人民思想觉悟高，军民一家亲。这就是部队爱到这里多住的原因。”

（本文选自《海南日报》）

老兵盐城抗日记

文/罗朝文　魏瑞明　田亚威

东临黄海，西襟淮扬，位于里下河下游的盐城水网密布，地势平坦。盐城市中心，解放路、建军路两条主干道的交会处，有一座被盐城市民亲切称为“大铜马”的雕塑。一位年轻英武的新四军战士身背大刀、手握缰绳，骑在高扬前蹄的战马背上，面向朝阳昂首东望。

“大铜马”坐落的十字路口，是盐城公路“零公里”起点。“大铜马”与其东西相望的新四军纪念馆与泰山庙新四军指挥部旧址一起，串成了这座城市抗战中浴火重生的历史轨迹。

城之殇——火势非常凶猛，把天都要烤煳了

盐城，古称盐渎，“煮海为盐”的盐场与“穿渠通运”的运河，使这里成为历史上东南沿海的盐业生产中心。这座城市在两千多年的历史里几乎没有遭受过兵戎之苦，被人称为一方福地。然而，这座古城的平静与安宁却被日军的侵略骤然打破。

1938 年 3 月 30 日，日军战机首次对盐城进行狂轰滥炸。4 月 26 日，盐城沦陷，日军进入盐城，一路抢劫财物、屠杀平民……

没有人可以否认日军在盐城的暴行。侵华日军第一师团火化兵荻岛静夫的日记中记载：

昭和 13 年（1938 年）4 月 27 日，盐城——我旅团今天早上威风凛凛地进入了盐城。盐城比南通小些，其城墙上堆满了沙袋，这说明敌人进行过顽强抵抗。

昭和13年（1938年）4月28日，盐城——昨天，城里各处火起，火势非常凶狠，把天都要烤煳了。虽然火灾是战争的附属物，但居民就没有安身的地方了……

《江苏见证——抗战时期人口伤亡和财产损失调研》中统计：盐城抗战时期，日军、日伪军在盐阜地区残害百姓，造成全境人口（不含军队）伤亡五十七万六千四百二十五人，其中直接死亡一万四千二百三十七人，财产损失折合1937年时的法币二十七亿二千四百三十三万四千三百九十二元。

城之战——“只要不死，不打败鬼子不回家”

今天新四军军部的恢复，是直接有利于国家民族的前途……一定有把握打倒日本帝国主义，一定有把握打倒亲日派、“反共”顽固派……最后的胜利是我们的！

——时任新四军代理军长 陈毅

盐城城东，蟒蛇河畔，泰山庙。

正在修葺的庙宇铁门紧闭，庙门前的石狮昂首无言。正殿前方的一座石碑上，“盐城新四军重建军部旧址”几个大字格外醒目。

盐城陷落后，中国军民对日军的抗争从未停止。

“1940年10月，由南北上的新四军陈毅部和由北南下的八路军黄克诚部，就在盐城以南的狮子口会师了。”新四军老战士宋强回忆，会师后，陈毅乘船到盐城慰问八路军，他即兴赋诗一首：

十年征战几人回，又见同侪并马归。
江淮河汉今谁属？红旗十月满天飞。

八路军、新四军的到来，让众多对日军满怀仇恨的盐阜男儿加入了保家卫国的队伍。

崇恩才回忆道：“1940年秋，听说上冈来了八路军，我和两个同伴偷偷跑去报了名。”负责报名的人问：“你为什么要参军？”崇恩才说：“打鬼子！”那人说：“当兵就要打仗，假如你回不来了呢？”回忆到这里，崇恩才提高了嗓音：

盐城陈家港战斗中的新四军三师八旅警卫一连战斗奋勇队

盐城市新四军纪念馆

“死了就算了，只要不死，不打败鬼子不回家！”

1941年1月，皖南事变爆发，新四军番号被国民党政府军事委员会“撤销”。为坚持抗日，1月20日，中共中央军委宣布在盐城重建新四军军部。重建的新四军军部成了日伪军的心腹大患，一轮轮“扫荡”“清乡”使盐城的抗战进入了最艰苦的时期。

新四军老战士李小龙的身上至今仍残留着战斗中留下的弹片。

1942年的8月，刚刚参军的李小龙在新四军某部二十一团七连当战士。部队发给他一支“汉阳造”，三颗子弹，四颗手榴弹。其中，四颗手榴弹只能用三颗，最后一颗留在危难时与敌人同归于尽。

1943年腊月，新四军派了一个团攻打秦南。交火后不久，伪军全线溃败，但一个排的日军不简单，他们龟缩在碉堡里，从机枪口向外射击。新四军没有炮，也没有炸药包，只能让战士叠罗汉往碉堡里扔手榴弹。“我就这么眼睁睁看着，有的战士手摔断了，有的被鬼子机枪打中了！”李小龙说，一场战斗下来，上百名战友牺牲了。

1944年，李小龙所在部队攻打江都附近的邵伯镇，双方交火没多久，就开始白刃战。

“惨啊，从早上开始拼刺刀，一直打到晚上！”李小龙回忆，一次较量中，他的右大腿被日本兵一刺刀刺中，鲜血直流。好在战友趁机一刺刀刺下去，要了日本兵的命。

王高年是茅山支队战士，他所在的连队在反“扫荡”中被日军偷袭。“官兵们浑身是血，连长、指导员、排长、班长全部壮烈牺牲，最后只有六个人冲了出来！”

抗战时期，盐城四次陷落，新四军数易军部，但日伪军却始终没能在这片土地上站稳脚跟。新四军对日伪作战两万四千六百余次，毙伤敌三十一万七千余人；新四军由初建时的一万余人，发展到三十一万多人；新四军八万多名将士、三百多名团以上干部壮烈牺牲。

城之情——为保护百姓，新四军宁愿牺牲自己

盐城县曾改名为叶挺县，就是为了纪念叶挺同志。直至现在，仍有郭猛、步凤、潘黄、学富等四个镇是以烈士名字命名的。全县以烈士命名的村庄有五十四个，占村庄总数的8%。

——《盐城地名典故》

1942年12月25日，陈毅率新四军挥师淮南，为便于行军打仗，忍痛将出生不久的儿子托付给盐城民主人士邹鲁山。面对陈毅的重托，邹鲁山当时就对妻子讲：“我和你生了三个女孩儿，别人问起就说抱个男孩儿回家压子的。”半年后，陈毅派人接回孩子，这个孩子也因出生于江苏被取名“昊苏”。

李元祥曾作为青年学生代表，参与了八路军、新四军会师的欢迎大会。“以前白驹是没有共产党部队的，只有国民党韩德勤的部队。”李元祥说，韩德勤的部队吃饭不给钱的情况时有发生，大家都不敢靠近。但是，人们很快就看出新四军与国民党部队的不同。“白驹有位金大嫂，家里住了一名新四军干部。干部不小心把家里水瓶打碎了，要赔偿，但金大嫂坚决不同意。不久队伍开拔，金大嫂才发现这名干部把一双雨靴摆放在家中，算是抵水瓶的。那时候，雨靴可是好东西啊。”

“为保全百姓，新四军宁愿牺牲自己。”周振华拿起一张刘老庄战斗“八十二烈士”陵园的照片，讲述了那场惨烈的战斗。

刘老庄，苏北的一个普通村落。1943年，日军侦察到我淮海区党委领导机关驻扎在刘老庄一带，于3月18日凌晨纠集一千多人分兵合击刘老庄。为掩护当地百姓和领导机关撤离，已连续作战多天的新四军三师十九团二营，决定留下四连八十二名指战员在此阻击。为保护百姓，四连官兵主动撤至村外，利用壕沟布下阵地。三轮冲锋下来，连长白思成被炸断了一只手。傍晚时分，决战打响，连长一声令下，机枪呼啸出火舌……子弹打完了，最后几名战士端上刺刀，冲出战壕……八十二名勇士全部壮烈牺牲。战后，当地百姓眼含热泪掩埋了战士遗体，选送了八十二名青年到新四军，重新组建起二营四连。至今，这支赫赫有名的“刘老庄连”仍在我军序列。

盐阜大地的战斗，一直到日本投降也没有停息。1945年8月15日，日本宣布投降，但盐城境内伪军先观望，后拒降。10月下旬，中共华中局和新四军军部分别电令华中军区抽调主力和苏北部队，发起攻击，盐城终获解放。重见天日的盐城人民，也用最朴素的方式——用烈士的名字命名自己热爱的土地，以此来纪念在抗战中献出生命的新四军烈士。

蟒蛇河畔，涛声依旧。踱步在“大铜马”旁，阳光下，那名新四军战士目光如炬，直视东方。他的目光，如此温润，他俯视着这片曾被鲜血浸润的热土，让我们倍感温暖；他的目光，又是如此警惕，注视着遥远的东方，仿佛在告诉我们，历史永远不能忘记……

（本文选自中国新闻网，有删节）

主动“结交”日本情报头子的潘汉年

文/刘　波

潘汉年

没有硝烟，无法冲锋陷阵，但依然处处有漩涡暗礁，时时险象环生，这就是潘汉年在抗战中传奇般的经历。

日军占领下的上海，汇聚着多股情报势力。那里既有日本人影佐祯昭在虹口梅花堂建立的特务机关“梅机关”，也有汉奸头目丁默邨和李士群在极司菲尔路七十六号的特工总部，还有国民党两大特务机关“军统”“中统”在暗中活动。在租界区，日本人尚不能为所欲为，美、英、法、苏联和共产国际的情报人员，都在上海广泛搜集情报。

1939年，潘汉年被中共中央正式任命为专事情报工作的中央社会部副部长。为了建成华南地区的情报网络，潘汉年开始利用上海这种错综复杂、敌我交错的环境，大胆从容地与日军、汪伪展开一系列情报战，为抗战的胜利屡建奇功。

经过深思熟虑，潘汉年决定起用一位特殊的人物——袁殊。袁殊身份异常复杂，曾为中共特科情报人员，后奉命打入“军统”，再后又成为日本驻上海领事馆副领事岩井英一的情报人员，成为身兼三职的多面特工。抗战全面爆发

潘汉年、董慧夫妇

抗战期间潘汉年（右一）、廖承志（左二）、郁风（右二）等在广州

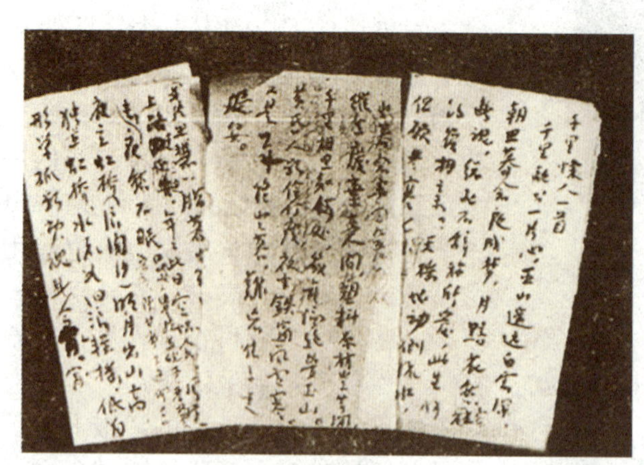

潘汉年手迹

后，袁殊还经常受到“军统”嘉奖。但是，一些事情败露后，袁殊被汪伪政权盯上了，情况危急。此时，潘汉年觉得若用好袁殊，正是打入日军内部的好时机。于是，他指示：“你可以用抗日的名义继续和军统保持联系，也可以和日本领事馆应付，但你要准备承受外界对你的误解和抨击。”于是，袁殊恢复了多重情报员的身份。

接着，潘汉年想方设法让袁殊在日本领事馆内站稳脚跟。通过了解，他知道日本驻上海副领事岩井英一专门设立了岩井公馆，负责搜集中国的战略情报。岩井善于用“软”的一套手段，拉拢左翼人士，网罗一批文化人，搞所谓的“兴亚建国运动”。作为情报老手，岩井也知道袁殊与中共、重庆方面的关系，仍放手让他活动，其目的正是利用袁殊的特殊背景在上海建立情报网络，搞到有价值的战略情报。于是，潘汉年化名为“胡越明”，以当地有识之士的身份，指示袁殊向岩井举荐自己。岩井大喜，欣然答应了会面。

不久，潘汉年便在上海虹口的一家日本餐馆同岩井见了面。席间，他对国际形势、国统区形势作了一番分析。岩井对他不同凡响的政治见解留下了深刻的印象，高兴地说：“欢迎胡先生和袁先生合作，欢迎胡先生做我们的朋友。”就这样，潘汉年不仅一下子提升了袁殊在岩井公馆的地位，还让自己也赢得岩井的信任，开始了同日军斗智斗勇的情报战。

解放初期的潘汉年

在潘汉年的指示下，袁殊放心地挂起“汉奸招牌”，成立了“兴亚建国委员会”，担任主任干事，并担任“兴建会”机关报《新中国报》、杂志《兴建》社长。潘汉年又动员进步人士去报社和杂志社担任要职，安排情报人员到岩井公馆当秘书，在公馆内设立了秘密电台。日本人的情报机关就此变成了中共可靠的情报来源。

（本文选自《环球时报》）

拽着马尾翻过了大雪山

文 / 李国营

放牛娃成了红军

李国平老人虽落户沁阳，但他并非焦作本地人，他的童年在四川达县虎让乡李家坡村度过。父亲虽然是个文化人，但在那个兵荒马乱的年代，家里仍是一贫如洗。

在他七岁那年，地方伤寒病流行，李国平的父亲和三个哥哥、一个妹妹都因染上伤寒先后去世，母亲领着姐姐和他过活。一年后，母亲出山赶集卖布时，被国民党的骑兵踏成重伤，没钱医治，不到三天就撒手人寰了。

母亲死后，李国平成了没人管的野孩子，每天在大山里转悠找东西充饥。后来，他被郭家坡村的一个寡妇收养，生活虽说艰辛，但养母对他很好。

1933 年 7 月，十六岁的李国平与七个伙伴正在山上放牛，这时过来一支队伍，队伍里的人很和蔼。后来，他们几个知道这支队伍就是红军，是穷人的队伍。这时的李国平就与伙伴们商量：与其在家饿死，还不如当红军替穷人打天下。于是，八人把牛送回家，一起参加了红军。

一个月后，他们被分开，李国平被分到红四军十二师三十三团二营六连当通信员。

拽着马尾过雪山

1935 年 3 月，红四方面军突破嘉陵江，5 月开始长征。由于张国焘右倾机会主义路线的干扰，红四方面军广大指战员三次爬雪山、过草地。

刚开始，红四方面军的物资、装备还是红军中最好的，可当第三次爬雪山过草地时，部队已经缺吃少穿，供给严重困难。没有粮食就吃战马、牦牛，后来吃起草根、皮带，生活相当艰苦。

中华人民共和国成立后，有部反映长征的电影《万水千山》，看不到一半李国平就看不下去了。李国平说电影没把红军吃的苦全拍出来。最主要的是，李国平看着电影就想起那些牺牲的战友，

龙岗抗大八分校旧址

心里难受。几十年过去了，许多战友的名字李国平都记不清了，但有一个战友的名字李国平却时时念叨着，那就是唐志明。在翻越党岭山时，就是唐志明救了李国平的命。唐志明年龄比李国平大，是马夫排的负责人。

那是1936年2月下旬，部队来到党岭山下。党岭山是红四方面军，也是红军长征途中遇到的大雪山之一，海拔五千多米，终年雪漫冰封，空气稀薄，气温低至零下三四十摄氏度，风暴不时骤起，雪崩如雷，被称为“万年雪山”。为了御寒，出发前，每人都喝了半碗辣椒水。李国平爬到半山腰时，只觉得头昏脑涨、浑身无力，就迷迷糊糊坐到了地上。此时天色已晚，他映着雪光看见部队在前进，但想喊却喊不出来。不知过了多长时间，李国平听到了战友唐志明在喊他的名字。

唐志明让李国平快起来，说要是再坐一会儿就会被冻死，并让李国平起来拽着马尾巴走。然而，就在唐志明艰难地把李国平从地上扶起来后，李国平虽然伸手拽住了马尾巴。可一点力气都没有，马一走，李国平的手就松开了又坐在地上。唐志明见状，干脆把马尾巴拴在了李国平的手上，就这样一步一滑，李国平愣是被“拉”到了山上。李国平打心底里感谢唐志明，因为在爬雪山时，如果一个战士倒了，另一个战士都不敢去拉，一拉，也许自己就会倒下再也起不来了。

退伍留在沁阳

1941年9月，李国平被派到邢台的抗大八分校学习，刘伯承是代理校长。

在八分校学习了九个月时间，由于日伪军加强了对根据地的“扫荡”，一百多个学员被分成三个队，组成武工队进入敌后，与敌人周旋。李国平在二队，队长叫周少山，主要活动在现在新乡的获嘉，焦作的修武、武陟、博爱、沁阳及焦作市区一带。

1945年大反攻开始，武工队编成了沁河一支队，属四十五团。8月，部队开始攻打博爱的阳庙。阳庙是个老镇，城高沟深，很难打。四十五团打西门，李国平所在的连打头阵，这时的他已经是三排排长了。他带领战士潜伏在西门外，等天黑了，悄悄向城门口摸去，用梯子爬过壕沟，又爬上城墙，趁敌人未发觉，一下子俘虏了守西门的十一个敌人，还缴获一挺机枪。西门打开了，可老二团负责的东门却怎么也打不开，首长命令他们过去增援。在李国平翻看地形图时，一颗子弹打中了他的右大腿。负伤后，李国平在后方住了半年时间的医院。

1947年，部队南下挺进大别山时，李国平被就近安排到革命老区沁阳，后来就在这里结婚生子。

（本文选自《东方今报》）

见了八路军　迷上打日军

口述/张凤山　整理/郭冀远

听八路军讲打日军的故事

延庆大庄科乡沙塘沟村四周环山，村民们历来尚武。张凤山说，他小时候，村里的男人都是枪法极好的猎人。沙塘沟的神枪手远近闻名，附近的土匪都不敢到村里横行。

七七事变后，察南十县（包括延庆）沦入日伪手中。日伪在大庄科设立伪警察局，伪满洲军三十五团二营三百多人进驻大庄科，由几个日本兵坐镇营部。

日伪营部一驻扎，就开始到周围村庄进行“清剿”。距离大庄科十几公里的沙塘沟村地处深山，暂时没有殃及。但村民们也担惊受怕，派人到高处站岗。十三岁的张凤山和家里人收拾了好几个包裹，甚至做好了逃出村子的准备。

张凤山回忆，还没等日伪祸害村子，八路军就来了。1938年10月，八路军宋（时轮）邓（华）支队一部到了沙塘沟村。村民们纷纷把战士们请到家里住下，给他们做饭做菜。

张凤山家里住着七名八路军，家里人吃什么八路军就跟着吃点。几天时间，张凤山一直听战士们讲打日军的故事，听得异常过瘾，不禁十分向往当八路、打日军。

1938年底，八路军离开后，他们留下的党员在沙塘沟村秘密成立了党支部，这是平北地区第一个村党支部，沙塘沟村因此被称为“平北第一村”。

对“小白龙”团长记忆犹新

张凤山兄弟姐妹八个，他排行最小。到1940年，他的四个哥哥都参加了八路军，他年纪较小，不够参军年龄，就参

张凤山老人手抚石碑忆当年

加了村里的民兵组织，站岗放哨。

1940 年 5 月，八路军晋察冀军区第十团团长白乙化率第一营和团直属队到达沙塘沟。八路军事先通知村民们躲到了山里，当时张凤山的心怦怦地跳，既害怕又激动。第二天上午，三千多敌人闻讯杀来，将一营团团包围。白团长率部拼死反击，这场血战一直进行到天黑，十团歼敌二百多人后撤退。

张凤山对人称“小白龙”的白团长至今记忆犹新，白团长一脸黑黑的大胡子，高大威猛。在战斗间歇，张凤山特意跑到碾子沟的卫生所看望八路军伤员。张凤山一点也不害怕，就觉得他们个个是汉子，自己也想当八路。十团撤退后，恼羞成怒的日伪军闯入沙塘沟村，将村民家里剩余的东西劫掠一空。两位村民因为隐蔽地点暴露，被敌人抓住，乱刀刺死。亲眼看见如此惨状，张凤山再也忍不住了，马上辞别母亲，到区里参加了游击队，那年他不满十六岁。

第一次参加战斗活捉汉奸

游击队里条件异常艰苦，张凤山一开始连步枪都没有，他所在小队三十三人只有十来杆枪。其他人拿着大刀等做武器，张凤山空手跟着队伍跑。队员们都知道弹药宝贵，所以碰见大队敌人就躲，遇见两三个掉队的敌军，游击队就捉活的。

张凤山第一次参加战斗是捉汉奸。那天，游击队得到消息，两个汉奸出了大庄科伪军据点。游击队马上在沿途树林中埋伏好，中午，两个汉奸蹬着自行车，优哉游哉地在路上骑行，张凤山等人突然一拥而上，把两个汉奸踹倒在地上，卸下他们的枪，把他们像包粽子似的捆个结实。

两个汉奸当时吓得直哆嗦，而张凤山则激动得发抖，心里直喊痛快，不费一枪一弹也能捉敌人！两个汉奸随后被送往区里处决。

最初，张凤山所在的游击小队在沙塘沟附近山区活动，后来到了昌平。队员们到处走山路，有时候要连夜急行军，避开敌人的围追堵截，他们经常在山头、林中露宿。游击队有时在附近村庄落脚，老乡们像对待家人一样对待他们，拿出埋藏的粮食给他们吃。

1941 年春，日伪军对根据地进行大规模“扫荡”，地处中心区的沙塘沟村被烧得只剩一间房子，村民们被迫躲到附近的深山里居住。张凤山那时随部队转战到了河北，组织上找他谈话，把这个噩耗告知他，并批准他回家看看。

心急如焚的张凤山一番思量后，还是没回家，他说：“队伍上缺人，还是别走了。”不久后，他得知家里人没事，才把提到嗓子眼儿的心放下了。

遭遇战开枪放倒三个敌人

几个月后，张凤山领到了一支步枪，他高兴得整天把枪抱在怀里。但是这种枪质量很差，每次只能装一发子弹。子弹打出去，枪栓就打不开了，倒不出弹壳。再次装弹要把弹壳抠出来才行。

张凤山很遗憾，他没有用这个蹩脚的枪打死一个敌人，就又换了一把枪。新枪用着顺手多了，这种枪一次能装五发子弹，不过游击队员每人就两发子弹，最多五发。张凤山身上鼓鼓囊囊的子弹袋里装的都是高粱秆、老草皮，这是为了蒙骗敌人。后来，张凤山被编入五支队四十团特务连，他记忆最深刻的战斗就在那时发生。特务连与几百名日伪军遭遇，那时游击队员手榴弹多，看见敌人走近了，就先扔手榴弹。张凤山用枪放倒了三个敌人，这是他第一次击毙敌人。

长期的山路奔行和营养不良使张凤山的身体异常虚弱。打了一段游击后，他就得了哮喘，经常跑着跑着就喘不过气来。

1944 年，张凤山因哮喘离开队伍回村，作为村里的民兵干部与敌人继续斗争。放哨、埋地雷是他和战友们的职责。即便是村民们搬到了山里，敌人仍不时来“扫荡”。

村民们也丰富了斗争经验，每次看见敌人，民兵们飞快地通知乡亲们，大家马上离开窝棚，往远处更高的山上跑。

抗战胜利后，村里人陆续下山重建房子，张凤山四个当八路的哥哥回来了三个，有一个哥哥在打日军时牺牲了。

（本文选自《新京报》，有删节）

万祥醴坊里的“八办”

文 / 苏文娟　陈延明　黄利明

1938 年 11 月，桂北路一百三十八号（今中山北路十四号）一家名为“万祥醴坊”的酒坊歇业了，然后挂出了“第十八集团军桂林办事处”的牌子，一些穿灰布军装、打绑腿、戴八路袖章的中青年人进驻这里，一张张朴实而诚恳的脸孔，一个个昂首挺胸、充满自信的神态，给乱象纷呈的桂林城带来一种全新的气息。

酒坊由一座桂北民居风格的两层木结构楼房和一个庭院及左右厢房组成，占地约六百平方米。北面一街之隔，是国民党桂林行营，南面不远则是省政府所在地，由此可见八路军当初选择这里建立办事处的精心考虑：既方便与当局打交道，又使国民党特务不敢轻举妄动。

在喋血抗战的时代，这座建筑和它的租用者一道，见证了中华儿女救亡图存的壮烈情怀，更演绎了在党的抗日民族统一战线下进行统战工作和在全国抗战文化中心领导文化抗战的无数次运筹帷幄。无数优秀青年踏进这间酒坊狭窄的店门，从这里奔向抗日救国的战场，众多仁人志士在这里认识了共产党和八路军、新四军，增添了与日军生死搏杀的勇气和力量。

李克农

1938 年 10 月下旬，随着广州、武汉先后沦陷，桂林成为全国仅有的几座后方城市之一，它不仅是广西的政治、经济、文化中心，而且还是联络西南、华南和香港乃至海外的交通枢纽。

在周恩来、董必武、叶剑英的组织领导下，决定在桂林建立一个采运军用物资、传递情报信息，同时负责统战和交通工作的办事机构。经过周恩来耐心地做国民党桂系集团首脑人物的统战工作，1938 年 11 月下旬，八路军桂林办事处成立，李克农任办事处主任。

这个办事处，对外是八路军在广西

的公开办事机构，对内是中共中央南方局的一个秘密派出机关，同时还兼有新四军驻桂通信处的任务，起着连接新四军、南方各省及海外秘密党组织与延安党中央直接联系的重要中继站的作用。桂林八办还肩负着直接领导广西省工委和桂林众多团体、机构里的秘密中共组织，领导桂林抗日文化运动，开展抗日民族统一战线工作的重要使命。

当时我党我军的各种抗日物资十分紧缺，而桂林八路军办事处（简称“八办”）就利用我党与桂系的统战关系，以及广西可通往越南这条中国内陆通往海外的唯一国际通道的条件，克服一切困难为延安党中央和八路军、新四军前线筹集和转运各种急需的抗战物资。

这些物资有汽车、汽油、枪支、弹药、棉衣、棉被、通信器材、医疗器具、药品等，多达数百种。短期内为延安和我党领导的抗日前线筹集和转运了几百车的军需物资，及时解决我党我军的燃眉之急。

办事处在桂林城北的路莫村还租用了民房，作为军需物资转运站、仓库、接待过往人员的招待所和抗日救亡工作室，并增设了机要电台。办事处工作人员有一百多人。

八路军桂林办事处护送了一批又一批爱国青年、进步人士以及爱国华侨到抗日前线和延安。短短两年时间，这里就向我党领导的各抗日前线输送各类干部和特殊青年人才达千余人次。

1938 年 12 月至 1939 年 5 月，周恩来曾三次来到桂林，主要是做桂系的统战工作，会见进步文化团体和民主人士，并指导办事处的工作。

在周恩来、叶剑英、李克农等人的积极努力下，办事处与桂系地方实力派、国民党民主人士建立了较好的合作关系，一度营造了相对宽松的环境，大批爱国进步文化人士来到桂林，掀起了轰轰烈烈的抗日文化救亡运动，使桂林成为当时蜚声中外的抗战文化名城。

令人痛心的是，1941 年 1 月 7 日，国民党制造了震惊中外的皖南事变，掀起第二次“反共”高潮，桂林的政治形势急剧恶化。当月 20 日，桂林八办被迫撤销，工作人员分批撤离桂林，后胜利返回延安。

桂林八办在两年多时间里，出色地履行了使命，成为西南大后方抗日统一战线的中流砥柱。其所产生的深远政治影响，为后来桂林地区抗日进步势力的继续发展，以及抗日文化运动在桂林的再度兴起，准备了条件和力量。

（本文选自《桂林晚报》，有删节）

十六岁参军闹革命

文/李如旦　张　娜

叶琳，1918年生于四川通江，1933年参加革命加入红四方面军，次年跟随队伍向西转移，在长征途中，从事过医护、炊事、洗衣等工作。1937年到延安，在中央医院从事医护工作。

十六岁参军闹革命

叶琳出生在四川省通江县一个叫作“恩各嘴”的地方。1932年10月，十四岁的叶琳第一次见到了红军。两个月后，红军在通江县境内的两河口击溃了驻扎在此的国民党部队，建立了红军入川后的第一个工农革命政权。当年12月26日，红四方面军总部抵达通江县城，通江成为红军西行中占领的第一座县城。

叶琳家里赤贫如洗，没有一分田地，家里经常没有吃的。父母实在被逼无奈，在叶琳十二岁的时候，把她给别人当了童养媳。叶琳嫁的丈夫家里也很贫苦。1933年，叶琳十九岁的“丈夫”参加了红军，三个月后牺牲在前线，尸体没有运回家，就被埋在通江县城。不久，婆婆让叶琳回娘家。十五岁的叶琳走到离家不远的镇子上，看见有红军战士在招兵，宣讲“参加红军，为穷人谋利益”的宗旨。叶琳报了名。因为岁数小，怕红军不收，她故意把岁数多报了一岁。

提起参军的动机，叶琳说，那时候只是想能够参军有饭吃，因为自己家里穷，而婆家的经济状况也不好，自己既然离开了婆家，再回娘家的话，对娘家也是个负担，所以干脆参军。

两过雪山穿越草地

1934年的一天，叶琳所在部队离开通江，前后都有国民党的部队围追堵截，红军边打边走，艰难行进。当时红军的武器是土枪土炮，战士伤亡很大。叶琳自告奋勇，做起了护理工作。

1935年6月，红四方面军在四川懋功与红一方面军会师，红一、红四方面军混编为左、右路军共同北上。但左路军到达阿坝后，张国焘另立“中央”，拒绝执行中共中央北上抗日的方针，后在南下中屡遭挫折，部队损失严重，不得不两过大雪山，再次回到川北。

两次过雪山的经历给叶琳留下了很深的印象。最难翻越的是位于四川甘孜、阿坝和雅安三地交界处的夹金山，海拔四千多米，气候恶劣多变，不少人被饿死、冻死。刚走下皑皑雪山，部队又要穿越空气稀薄的松潘草地。叶琳记得很清楚，穿越大草地用了四十天的时间。地上根本就没有路，只能顺着前人踏过的倒下的草，缓缓前进。不少战士走着走着，就坐在地上，再也起不来了。

在那段艰难的岁月，叶琳一次次与死神擦肩而过。过完草地进入甘肃后，有一天晚上，在一座山的山顶，叶琳不慎摔倒，扭伤了脚。她一路爬行到了山下，已经找不到部队。孤身一人的叶琳含泪爬行，有时候跪着走，裤子很快就磨出了两个窟窿。十多天后，叶琳终于看见了部队就在前方。叶琳回到部队，战友们也惊喜地大叫：“叶琳，十多天了，以为你死了，原来你还活着！”她们拥抱在一起，哭了起来。

1936年12月，叶琳和战友们到达甘肃庆阳后，叶琳患上了严重的伤寒病，高烧不止，昏迷两天两夜后终于苏醒。幸亏当时已经到了庆阳，如果叶琳在长征路上得病，大概就没命了。

（本文选自《西安日报》，有删节）

我心深处的向明伯伯

文 / 钱季明

向　明

向明伯伯是我父亲季方的第一任政委，也是我母亲钱讷仁的入党介绍人，私下里他常随我母亲称我父亲为“大哥”，而我父亲按家乡的习惯让我叫他“伯伯”，他则自称“你的叔叔向明”。他极其疼爱我，常常把我揽在膝前，说：“记好：‘钱’是妈妈的，‘季’是爸爸的，‘明’是我的！”那情景就像1944年春（或1943年秋）在黄花塘新四军军部拍的那张照片，永远地铭刻在了我的心上！五十余年过去了，至今每独自忆及，总禁不住潸然泪下……

新四军军部重建之后，1941年3月正式成立了新四军苏中四分区司令部，我爸爸季方任司令员，向明伯伯任政委，参谋长为梅嘉生伯伯，政治部主任是陈同生伯伯。在我的记忆中，向明伯伯喜欢穿我母亲给他做的一件长衫，生活极其简朴，爱到老百姓家里去问长问短。他的身体很瘦弱，是母亲的老病号。母亲曾多次跟我说，向明伯伯是个硬骨头干部，他的身体是被敌人严刑拷打弄坏的。母亲比他年长，他常和母亲讨论“人道主义”的问题。他比梅伯伯他们年长，梅伯伯也曾回忆说：“向明一做报告就是两个小时……”我可以想到他做报告时诲人不倦的样子。

妈妈携我随爸爸到苏四区工作，她是个医务工作者，最初参加革命完全是出于人道主义的思想，向明伯伯允许她一边参加会议听报告，一边做手工。妈妈说：“共产党领导下的新四军坚决抗日，百折不挠，同志间热情友爱，保护百姓，不拿群众一针一线，与国民党的部队相比简直判若霄壤。向明同志拖着病体积极工作的顽强与负责精神，使我产生了强烈的入党要求。”当时妈妈以为只有政委向明是共产党员，因此在得知向明伯伯要调离时，焦急地找他提出入党要求。向明伯伯诚恳地做了自我批评，说原先只满足于她为大家看病，没有主动关心她的政治生命，遂于1942年阳历年的第二天，介绍妈妈加入了中国共产党。

1943年是苏中抗日战争最艰苦的时期。秋天，组织上调爸爸到新四军军部去休整、学习，妈妈随行。我被“打埋伏”在东台三婶家。我很清楚地记得，三婶家有两间草房，里间是卧室，外间是厨房，屋后是“宅沟”，门前是棉花田。由于采棉花，妈妈给我织的毛衣被刮坏了。向明伯伯来看我，一见面就心疼地把我抱在了怀里。他身体极差，人瘦得要命，抱着我很吃力，但我却死死地搂住他的脖子不放。他抱着我，在家里四处转，看见家里只有玉米面和青菜，他掏出身上仅有的津贴费，为我买了一只母鸡。那只鸡很聪明，自己在田里找

1943年钟民、向明、陈同生与钱季明在黄花塘新四军军部合影

吃的，却会从小窗户飞进家里来生蛋。我几乎天天都可以吃到鸡蛋，真开心！但长大后每回忆起此事，总止不住地流泪——我太不懂事了，向明伯伯自己是多么需要营养啊！他是用他的生命在哺育我啊！

父母本来以为在军部学习休整只一个来月，到后方知大约需半年，黄花塘环境又较安定，爸爸就派郭凤歧叔叔来接我。

一天，向明伯伯来看我父亲，人尚未见面，爸爸的白鼻子红马就欢声嘶鸣着突然发蹄疾奔了。啊，我们看见了向明伯伯的白马，它们在一起亲热地摩颈擦肩。母亲高兴得立刻亲手做了几个小菜，亲人们团团围坐，吃着爸爸亲手种的蔬菜，有说不完的知心话……我们拍了一张照片，母亲曾在背面注明：季明、向明、同生、小明明。这是我跟向明伯伯唯一的合影。黄花塘一别，到中华人民共和国成立后才得以相见。

（本文由北京新四军研究会供稿，有删节）

抗日战争时期的父亲和南塘血战

文 / 柴正玉

多少年来几次提笔，都心潮澎湃，热泪盈眶，心情激动得不能写下去。父亲在世的时候，常常给我讲抗战时期和日军在南塘进行的那场血战。我也到了花甲之年，如果不写出来那段历史，愧对过世的父亲和他的战友，愧对英勇献身的烈士。

1938 年，鲁南抗日义勇军总队在我的家乡羊庄镇南塘成立，总队司令部设在刘姓地主的大院里。父亲柴培贤和村里很多热血青年抱着保家卫国，与日本侵略者血战到底的满腔热情，参加了中国共产党领导的鲁南抗日武装。随后，由于形势的需要，父亲留在地方组建滕县二区，任区武委会主任、区民兵联防指导员。

南塘村距离当时滕县抗日民主政府所在地的庄里村有一千五百米的路程。那时的滕县抗日根据地也就周围的十几个村庄，父亲经常说这是一枪打透的根据地。南塘村在周围的村庄中是一个比较大的村庄，两千多人，当时是滕县有名的抗日模范村。有青年抗日先锋（简称青抗先）、基干民兵四百多人，长短枪、土枪三百多支，村里有坚固的寨墙，十二门大口径的土大炮，分别架在南、西、北三个方向，东边是大沙河，易守难攻。周围村的联防基干民兵以南塘村青抗先、基干民兵为主力，一方有事，八方支援，别看当时根据地小，但是铜墙铁壁，使日军闻风丧胆。父亲使用的手枪是一支崭新德国造的二十响驳壳枪，在当时滕县民主武装中是最好的一支手枪。那是我村刘姓地主在庄里集上花二百大洋专门给父亲买的。

南塘村抗日热情高，战斗力强，周

父亲戎装照

围的西集、南宿、土城、大寺庙等几个日伪据点对南塘村抗日武装恨之入骨，因为这几个日伪据点相距南塘村只有十几里。父亲经常带着区中队和青抗先基干民兵，采取游击战袭击日伪军。当日军下乡“扫荡”时，父亲带领队伍时常寻找机会炸日伪据点的炮楼，南宿据点曾被他们端掉过两次。听仍健在的老人讲，父亲一天与日军干过三仗。有一次深夜，父亲带领区中队和南塘村及各村的基干民兵包围了土城的日伪据点，他找了个有利地形喊话，劝日伪军投降。日军狙击手朝父亲喊话的方向开枪，父亲的头皮被击中，打出了一道沟。父亲常说那次差一点脑袋开了花，撤下来的时候，血把脚上两只鞋灌满了，跑的时候都有声响。父亲常讲，整天脑袋挂在裤腰带上，长大了我才知道那是什么意思。日伪军将南塘村视为眼中钉肉中刺，决心狠狠地报复南塘村，给周围村来个杀一儆百。

1943年4月20日，居住在枣庄的日本兵倾巢出动，纠集官桥、西集、土城、陶庄、南宿、大寺庙六个据点的日伪军五百多人，配有小钢炮、轻重机枪，气焰非常嚣张，声称“血洗南塘，踏平南塘”。这天深夜，日伪军在南塘最近的南宿据点集结，有汉奸便衣特务引路，想趁着人们熟睡的时候，突然袭击一举歼灭南塘的抗日武装力量。

夜半时分，巡逻的基干民兵小分队张立松等人突然发现大批日伪军分三个方向在往村子迂回，悄悄向村子的寨墙摸来，他立即开枪报警。当时父亲听到哨兵报警的枪声，马上意识到敌情严重，迅速布置基干民兵进入阵地，同时安排村干部趁着夜色，利用村东大沙河的有利地形向村外疏散群众。但很多妇女和老人，还是坚决要求留下来对抗日军。

战斗打响后，土炮手徐景龙、郭广信等人点燃南门、西门、北门三个方位的十二门大土炮，一排排土炮弹像扫帚一样扫向敌群，青抗先和基干民兵的步枪、手枪、土枪一齐开火，打得进攻的日伪军在地上打滚，哇哇乱叫。一连打退日伪军五六次冲锋，日伪军死伤惨重，尸横遍野，鬼哭狼嚎。青抗先、基干民兵和参战群众群情振奋，到处一片欢呼声。日军恼羞成怒，集中小钢炮向我土炮阵地猛烈轰击。日伪军集中优势兵力在轻重机枪的掩护下，向村内发起更加猛烈的进攻。青抗先、基干民兵和参战群众高呼“誓死保卫南塘，保卫家园，决不让鬼子踏进南塘村半步”。日伪军一次又一次进攻，村民一排排仇恨的子弹

和土炮弹射向敌群。冲到寨墙下的日伪军刚想冲上寨墙，就被没有枪的参战群众用准备好的石头和从墙上拆下来的砖头砸了下去。

由于村西边是小丘陵，杂草丛生，日伪军利用这段地形重新调整兵力，向南塘村阵地猛扑。我方终因寡不敌众，被日伪军打开了一个寨墙缺口，敌人蜂拥而至。

青抗先、基干民兵和参战的群众撤退到村内，他们充分利用围墙、房屋做掩护，继续顽强进行巷战。日伪军冲进村后，进行惨无人道、灭绝人性的烧光、杀光、抢光“三光”政策。基干民兵孙成才发现日军点火烧房屋，奋不顾身地扑向日军，在和日军英勇搏斗中光荣牺牲。瞬间全村一片火海，一千五百多间房屋转眼间化为灰烬，惨不忍睹。但是南塘村的青抗先、基干民兵和参战群众，在父亲的带领下没有后退，顽强地与入侵的日军进行搏斗，村内到处是一片厮杀声。

在这紧急关头，滕县县大队在县长汪亚民的带领下赶来增援。当时父亲看到村子里的惨状和血腥的场面，他像疯了一样，左手提着从日军手里夺来的带刺刀的“三八大盖”(一种步枪)，右手紧握着他那德国造二十响驳壳枪，在拼杀中身上到处是伤，浑身是血，瞪着血红的双眼，那架势真叫杀红了眼。这时滕县二区区委书记李平带领区中队也及时赶到，在县大队和周围村联防民兵共同打击下，终于使日伪军丢盔弃甲狼狈逃窜。此仗日伪军伤亡五六十人，使日伪军长时间龟缩在据点的炮楼里，不敢出来活动。

父亲带领南塘基干民兵和群众掩埋了同胞的尸体，擦干了身上的血迹，更加坚强地握紧武器，带领当地的抗日武装，活跃在山区城乡，继续战斗在最前哨，直到抗日战争取得伟大胜利。抗战时期父亲柴培贤曾被选为滕县各救会代表出席鲁南军区召开的各救会代表大会，父亲是滕县唯一的武委会代表，先后荣立二等功三次、三等功两次。

(本文选自《滕州日报》)

飞向延安

——中国空军飞行员刘善本

文 / 萧邦振

刘善本

1915年1月25日，刘善本出生在山东昌乐一个农民家庭里。1932年考入北平大学附属高中，接受了进步思想的教育。1946年6月26日，刘善本为反对国民党打内战，毅然驾机起义飞向延安，成为中国人民解放军的一员。在人民军队里，先后担任过副校长、校长、师长、空军训练部第二副部长和空军学院副教育长等重要职务。参加过中华人民共和国开国大典受阅飞行、我军第一所航空学校的组建和抗美援朝战争等重大军事活动，为空军的建设和发展竭尽心力。

抗日有志，报国无门

九一八事变以来，日本帝国主义已经侵占了东北四省后，又侵占了冀东，日军制造的所谓“冀东防共自治政府”就设在北平东郊的通县。北平的局势也紧张起来了，亡国奴的命运就在眼前。1935年，刘善本高中毕业时，再也没有什么心思考大学了。他怀着“航空救国”的理想考入国民党航空学校。可是一到学校里，看到了美国、意大利顾问，陆军还有德国顾问，刘善本怎么也想不通。德、意、日是轴心国，请日本的同盟国当军事顾问，哪里还会有抗日的味道？他曾苦闷，悔恨自己不该听信“航空救国”的宣传。由此，刘善本一度热心于复习物理、数学和英语，准备再次报考大学，对飞行却没有什么兴趣。

刘善本在洛阳航校自修英语时，从一本英文杂志上看到美国记者斯诺写的《共产党领袖毛泽东访问记》。毛主席在答问中，不仅表示了坚定的抗日决心和必胜的信心，而且分析了敌我双方的情

况，指出了抗日前途，提出了组织抗日统一战线、动员全民抗战等一系列抗日的方针和策略。这和他自己在国民党军队里经常听到的“失败”“亡国”等论调，形成鲜明的对照。刘善本认为这些崭新的抗日救国思想对全国人民是非常宝贵的，应该大力宣扬。于是，他一口气把那篇文章翻译出来，寄给了天津的《大公报》。同时，刘善本阅读毛主席的文章后，觉得找到了对抗日军的理论武器，增强了抗日胜利的信心。他把自己学飞行同抗日联系起来，学习飞行技术，钻研飞行理论的积极性就上来了。

七七事变后，刘善本随国民党航校由杭州辗转到了昆明。刘善本先学习驾驶歼击机，后学轰炸机，练就了一身本领。日军的飞机时常空袭昆明，刘善本决心用自己的飞行技艺打击日军。一次空袭警报一响，人们都往机场外跑，唯独刘善本往机场里跑，他怀着满腔的报国热情，想挑选一架飞机去直接痛击日军飞机。在一个飞机库房里，刘善本找到一架侦察机，很可惜机枪子弹根本不能上膛。他又找到一架刚出厂的新飞机，飞到天空才察觉尚未装机枪。此事被校领导发现后，刘善本原先是要受到严厉处分的，由于事情牵涉到飞机值班军官的失职问题，校方不敢把事情闹大，结果不了了之。

1938年底，刘善本从航校毕业后，到了成都。1940年，被分配到国民党唯一的远程轰炸机第八大队。虽然日军飞机经常到成都疯狂轰炸，但他们仍然是不抵抗，其任务是驾驶着飞机跑警报。1941年，他们被迫飞到兰州，以后又驾驶飞机逃到新疆的安西。等再回兰州时，飞机没有剩下几架，就在兰州赋闲起来。特别是那一年国民党军队为了自己逃命，阻止日军的前进，竟然炸开花园口的黄河堤坝，淹死了几十万中国老百姓。联想到老家山东的几个弟弟、妹妹也都参加了八路军，在敌后抗战，刘善本深深感到自己抗日有志，报国无门，苦闷至极！

1943年，刘善本被选送到美国学习驾驶B–24型轰炸机。在将近两年的时间里，他深化了航空理论和飞行技术的学习，其目的就是盼望尽快回国加入抗战的行列。1945年5月，刘善本终于等到了离开美国的这一天，他和同学们驾驶着崭新的飞机绕道印度回国。但是飞机到达卡拉奇后，国民党当局却让他们“就地待命”。已经飞到了祖国的大门口却不让进去，这是一种什么滋味？直到日本投降后，刘善本他们才接到火速回国的指令。

刘善本驾驶飞机踏上日夜思念的国土，最后在上海大场机场安全着陆。令他百思不解的是，所见所闻没有丝毫和平建设祖国的景象，而是国民党当局杀气腾腾地发动内战的气氛。比如，刘善本看到美国军舰正从上海把军队运到东北，飞机正从四川、武汉把军队运输到北平。日本投降了，美国和国民党倒空前忙碌起来了。一次，国民党航空委员会主任周至柔到刘善本所在的八大队“训话”，说“我们有四十个美机械化师，有美国给的几十架作战飞机，三个月内一定消灭共产党。”

周至柔一语道破天机！刘善本这时才看清楚了多年来报国无门的缘由：当日军的飞机轰炸到头顶上时，国民党按兵不动，保存实力；当他们学成回国，要求报效祖国时，却不要他们回国抗日。

架机起义的刘善本机组

原来这一切都是为了一个不可告人的目的——保住实力打坚决抗日的共产党。天理何在？刘善本暗中表示：“我堂堂七尺之躯，不能为祖国人民效死于抗击侵略者的疆场之上，却要被人驱逼着向自己的同胞，尤其是抗战有功的共产党军队投掷炸弹，杀害中国最优秀的儿女。我决不能！”

驾着飞机反内战

一次，刘善本在上海路经北四川路一家书店，想买本杂志以解心中的烦闷。一本《新民主主义论》引起了他的极大兴趣，于是就买了一本带回家。书中精辟的论述，好像一只巨手掀开了遮住刘善本视线的帐幕，多年积累来的问题终于找到了答案。特别是刘善本看到该书作者的签名，“毛泽东”三个字赫然入目。从那次阅读《共产党领袖毛泽东访问记》，到这次购买《新民主主义论》一书，刘善本已经心向延安了。

1946年6月，刘善本所在空军第八大队奉命将昆明美军移交的全部无线电器材空运至成都。刘善本决心利用这次机会驾机起义，用自己的实际行动来反对内战。6月22日，刘善本驾驶B–24型轰炸机从上海飞抵昆明。6月24日，从昆明运送器材到成都。6月26日，从成都再返回昆明。飞机上共有十一人：驾驶舱除机长刘善本外，还有副驾驶张受益，空勤机械士唐世耀，通信士唐玉文和领航员李彭秀；后舱是国民党空军通信学校实习工厂的厂长陈泰楷及该校毕业生李荣琛等六人。

那天，刘善本驾驶着飞机起飞后，穿过云层，对准飞往昆明的航向。面对飞机上这么多的人员，刘善本充分利用飞机前舱和后舱隔离，并且互不相识的特点，在飞机上机智巧妙地发动了起义。他首先来到后舱稳住了搭乘飞机的六个人，告诉他们：“前面机组的人员为了反对内战，要飞到延安去。到了延安后，你们走留自便。”做前舱同事的思想工作，让刘善本却费尽了心血。他从后舱回到前舱时，便把副驾驶和通信士的手枪控制在自己的手里，然后一边通过自动驾驶仪调整飞行航向，一边低声说：“糟了，后边全是共产党。他们拿着手枪、手榴弹，威胁我一定要把他们送到延安，否则，就和我们同归于尽。”驾驶舱顿时轰动了，你一言，我一语地争论不停，刘善本乘机悄悄地取下手枪子弹夹。

“我的朋友也是共产党。事情已经这样了，你们看怎么办？”刘善本正式征求机组同事的意见。

“我跟他们讲理去！”副驾驶急切地说。刘善本一把拉住他的手说：“无论如何不能去，你毛手毛脚，准坏事。你一个人惹了祸，大家跟你一起遭殃。”这

一说，大家慌了，都不让他去了。副驾驶叹了一口气说：“管他的，去就去，反正延安也不是外国。”副驾驶的话，打破了窘境。刘善本趁势说：“对！反正延安也不是外国的地方，我们抗战没死，这样死了多冤枉，就送他们走吧！”说完他要领航员找出地图进行计算，领航员的眉头打了个结，说没带地图。

其实，刘善本包里早就准备好了西北的地图，只是这个时候他不便拿出来，就说：“没有地图，就不能飞延安！”然后找机会来到后舱。为了进一步地稳定后舱，他拍拍腰间的手枪说：“你们可千万不要到前舱去，否则发生生命危险，莫怪我做朋友的没关照。”接着，刘善本把提包里的地图拿出来，让领航员在图上计算飞往延安的航向和距离，结果同他预先计算的差不多，说明领航员没有玩花招。于是，刘善本稳妥地操纵着飞机，对准了飞向延安的航线。国民党地面电台不时询问飞机的位置时，通信士则以“等待”的信号迷惑之。

飞机越向北飞云层越厚。刘善本查阅地图，看到秦岭最高山峰有近四千米，因无法确定飞机的具体位置，只得操纵着飞机爬高，升到四千三百米以上。过了秦岭，刘善本见地图上标高都在两千米以下，便操纵着飞机下降至二千三百米的高度飞行。刘善本心里明白，再有三十分钟左右，就可以到达延安了。飞机越过一座山峰，忽然看见三条河岔，一片开阔地展现在眼前，依地形看，应该是到延安了。于是，刘善本操纵着飞机在河岔上空盘旋寻找着陆之地。当他向右转弯时，一条明显而整齐的跑道出现在前面，刘善本驾驶着飞机第一次绕过宝塔山，他高兴极了——原来已经胜利到达延安了。刘善本驾驶飞机着陆时，清楚地看到机场士兵衣领上的红布，一定是红军，便放心地关闭了飞机发动机。

刘善本首先跳下飞机，跑到一位站岗值勤的士兵面前，兴奋地说：“我们是反对内战来的！”说着把自己带的四支手枪全部交出来了。接着，刘善本兴奋地拉着长声，对机组同事喊：“延安到了！”

6月29日晚上，延安军民召开欢迎刘善本机组驾机起义大会，毛泽东等领导人接见了机组的全体人员。刘善本激动地握着毛主席的手说：“毛主席，我终于到你这边来了！”

毛泽东对刘善本驾机起义给予高度评价，还风趣地做了一首打油诗：“刘善本，性本善，驾着飞机反内战。”朱德总司令在延安军民召开的欢迎大会上致辞指出：刘善本上尉退出内战的义举，标志着中国人民争取和平民主独立运动的高潮。

刘善本已经安全到达延安了

一天，一位化装为清道夫的上海中共党员，给刘善本的妻子周叔璜送来这样一个纸条：“刘善本已经安全到达延安了！”

刘善本起义时，他的母亲、妻子、弟妹及幼小的女儿仍在上海，不仅受到国民党宪警的严密监控，还由于被抄家，停发了刘善本的薪饷，使其一家老小生活无着落。当时，在上海作为中共中央谈判代表的周恩来、邓颖超，适时派人送来生活费，并且亲自指挥营救刘善本亲属的工作，使他们脱离虎口，转回四川老家。直到中华人民共和国成立后，刘善本夫妻才取得了联系，于1950年1月在东北得以团聚。

（本文选自蓝天出版社《群星璀璨：航空百年风云人物》，有删节）

太行深处编报人

——记华北《新华日报》领导人何云

文/戈 基

何 云

何云，原名朱世翘，1904年出生在浙江上虞朱巷乡一个破落的书香门第。曾就读杭州师范学校，后考入上海复旦大学，还到日本早稻田大学经济系学习。1931年，九一八事变后，何云和一些爱国青年回到上海，加入抗日救国行列。

何云在上海曾任“抗日武装自卫会”秘书，“国民御侮自救会”的宣传部部长。1932年，他参加了中国共产党。不久，《中国论坛》在上海出版，何云当了编辑，协助宋庆龄、何香凝等人领导的“民族解放大同盟”工作，白天上街演讲，晚上深入工人中宣传抗日救国。1933年6月，他不幸被捕，被押到南京宪兵司令部。

何云蹲了四年多的监狱，身体很瘦弱，但他看到日军侵略中国的种种暴行

和全国人民抗日救国的热潮，心情异常激动。一出狱，何云没有回家去看看母亲、妹妹，就到南京《金陵日报》工作，宣传抗日救国。1938年初，周恩来、董必武同志在南京筹备出版《金陵日报》，何云参加了报社工作。不久，《新华日报》在武汉创刊，何云任国际新闻栏目主编。国际新闻办得精彩动人，博得广大读者的好评。

1938年10月，由于日军很快占领了武汉，武汉办事处和《新华日报》于武汉失守前一起随国民党政府迁到四川重庆。何云奉党的指示，带领一部分职工由武汉出发到西安创办《新华日报》（西北版）。谁知出版工作筹备就绪，正要出版时，国民党当局从中阻挠，不同意办《新华日报》（西北版）。这时，朱德总司令经西安去延安参加六中全会，何云采访朱总司令，写了题为《朱德总指挥谈三期抗战与争取华北抗战胜利》的文章。采访中，何云向朱总司令说明了西安国民党当局不让办报的事，朱老总很风趣地说："如果他们不欢迎你们，华北军民欢迎你们。在偌大的太行山区，只有一两张油印、石印小报，字体又小又模糊，还得戴老花眼镜看，真费劲！"时隔不久，彭德怀副总司令路过西安去延安开会，找到八路军西安办事处主任林伯渠，说："他们不让出西北版，人员和机器就都给我，到太行去出报。"后来中央决定：何云去太行负责筹办《新华日报》（华北版）。何云兴奋异常，于是，何云穿着八路军的军装，腰挎手枪，带领工人和记者，10月初离开西安，渡过黄河，北上太行山。

山路崎岖，记者董谦看到何云走路有点拐，问他的腿有什么毛病。何云告诉他："这是在南京坐牢时受'老虎凳''压杠子'等严刑拷打造成的。"他拉起裤管，用手指着自己的小腿幽默地说："你看，我的小腿已变成了罗圈腿，这就是敌人给我留下的难忘的纪念。"

谈到这次到华北敌后办报的抱负时，何云的精神十分振奋，情绪很活跃。他对董谦说："有机会到敌后办报，就如同军队开赴前线对日作战一样，报纸好比一架机枪，铅字好比子弹，笔杆就是枪杆。办报也是战斗。"

到华北敌后办报，只有何云、董谦和八个印刷工人，还有一架老掉牙的印刷机。

"光靠我们这几个人，怎么办好报纸呢？"董谦不无忧虑地问何云。何云满怀信心地说："路是人走出来的。什么事，要靠人去开拓。"

开拓这条路，何云真可说是费尽心血。北方局和八路军前方总部领导共同成立了一个党报委员会，成员有总部的彭德怀、左权、傅钟、陆定一和北方局的杨尚昆、李大章。何云也参加了这个委员会。在办报委员会的领导和支持下，何云大抓新闻干部的培训工作，办起了一百多人的记者训练班，从延安抗大、鲁艺等学校派来一批文字和美术工作者，组成了《新华日报》华北分馆的基本队伍。何云率领这支队伍，带着这些设备，于1938年11月底到沁县后沟，克服重重困难，不到一个月，工厂初具规模，于12月20日即出版了《新华日报》华北版试刊，隔日一期。

何云经常告诉报社同志："一个铅字等于一颗子弹，在敌后办报就是无形的战斗。"他的这几句话，形象地反映了《新华日报》华北版火线办报的情况。何

《新华日报》旧址

云在亲自写的《发刊词》中提出："本报愿在这困难阶段，为鼓励前进的号角，愿与华北文化抗日统一战线的领导者和组织者，将华北全体文化战士紧紧团结在本报周围，为开展敌后的文化运动而与敌寇共战到底。"

在激烈的反"扫荡"中，报社没有固定的地址，经常转移。在何云的周密安排下，北京师大毕业、精通理工的王显周和印刷厂厂长周永生、工人韩晋升、张建功等同志，制造了小型轻便的活动铅字架和小型脚踏机、轧墨机、浇版机，连同电台、纸张和油墨，只需三匹骡子即可驮走，何云称此为"背起报馆打游击"。他将工人和编辑人员组成连队，荷枪实弹，一面跟日军周旋，一面设法出报。尽管炮火连天，环境恶劣，《新华日报》（华北版）从未中断，及时把国内外重大新闻刊印出来，送往各地，提供党政军领导参阅。报社电务科在何云精心培育和电台同志不断创新努力下，发展成为华北敌后唯一强大的新闻台，能收到延安新华社、重庆中央社和世界各大通讯社的电讯，打破了国民党中央社的垄断和封锁。遇到战斗紧张时，何云便在吃饭、休息的间隙，命令报务员架起电台，收听延安新华总社的新闻；不能铅印，就出油印战报。1939年，敌人"扫荡"时，他将报馆人员化整为零，出版了东线版、西线版、南线版、北线版。"百团大战"时，他带领部分记者，携带油印机，跟着彭德怀副总司令、左权副参谋长和一二九师刘伯承师长、邓小平政委，日夜战斗在火线上。《新华日报》（华北版）不仅受到国内抗日军民的信赖和珍爱、支持，还得到国外的关注。朱德总司令曾这样评论："一张《新华日报》（华北版），顶一颗炮弹，而且天天和日寇作战。"《新华日报》（华北版）创办一周年时，刘伯承同志专门题词，赞扬它是"华北抗战的向导"。朱德、左权、杨尚昆、陆定一、李大章亲临大会讲话或撰文，表示祝贺。

在艰苦的敌后斗争中，《新华日报》（华北版）在何云的组织领导和"惨淡经营"下，经受了严峻的考验，成为敌后华北唯一规模宏大的机构。1940年，增加了史纪言、魏克明、安岗、刘江等十多位编辑、记者。报社（包括印刷厂）最初只有几十人，这时发展到七百多人。报纸也改为日刊，还建立了强大的通讯网，联系和培养了许多优秀编采人员，

帮助各地方开展工作，晋东南各地创办了数十种抗日报刊。

由于《新华日报》（华北版）有力地打击了敌人，日军千方百计要消灭它，每次“扫荡”都把摧毁《新华日报》华北分馆作为主要目标之一。

敌后办报，完全是实实在在的战斗。报馆邻近敌军驻地，有时三十里，有时不到二十里，不但经常听到隆隆炮声，敌我双方接火的枪声有时也声声入耳。有一次，何云与陆诒杯酒谈天，何云称这种场面为“杯酒论英豪”，他告诉陆诒：“你们在后方办报，只是笔杆抗战而已，可是在此地，则是铅字和子弹共用，笔杆与枪杆齐挥！”

何云常说，新闻不仅是反映，更重要的是指导。他很重视总结工作，每年工作总结，他都亲自动手写，并做许多自我批评，采编方针、内容、版面、发稿、看大样，每道工序都讲得很细很透，承担自己的责任，教育大家，启发大家。

何云亲手编报，亲手写评论。他为《新华日报》（华北版）写了很多真知灼见的国际评论。仅1939年，他写的专论就有《论德波关系》《成为欧洲局势之焦点的波罗的海沿岸》《新时期的敌寇困难》等，达九篇之多。

在敌后办报，印刷设备和技术都十分落后，铅字标题只有头号宋、楷、黑三种字体，根本没有特大号的字体，报纸版面显得十分呆板单调。何云常为这事忧心，下工厂和排字工人研究。排字房的同志说，可以用木条制版代替。何云一听，高兴地一拍大腿，说：“对呀！还是大家办法多，人民战争，克服困难还得同志们共同努力。”说干就干，何云用毛笔写好了字，工人拿起刻字刀，不一会儿，一块木刻题目就做好了，刷上油墨在纸上一印，醒目的标题就出现了。何云看后，连连说：“很好！”每期报纸要用毛笔写好几条标题，何云都是自告奋勇地承担起来，他在少年读私塾时曾练就一手欧体字，清秀洒脱，刚劲有力，字形结构美观。

1942年春，日军为了摆脱太行军民的抗日斗争的威胁和太平洋战争爆发的困境，2月3日，调集一万多人对我太行山区根据地进行一次大规模的奔袭。我军与敌军鏖战月余，将敌军全部驱回城里。5月19日，日军又从同蒲、石太、平汉等铁路线据点，纠集了两个师团和大批伪军共三万多兵力，出动飞机多架，向太行山北侧后和太行山南侧地区进行所谓“铁壁合围”“篦梳式”的疯狂大“扫荡”，妄图摧毁八路军前方总部、中共中央北方局等首脑机关。这次“扫荡”之周密，手段之毒辣，超过任何一次。太行山区硝烟弥漫，炮火连天。日军所到之处，烧杀抢掠，灭绝人性！

何云看到形势险恶，利用报纸及时将敌动态、暴行告诉人民，大声疾呼“提高警惕！紧急战备！”“太行敌军续增，‘扫荡’企图愈明”，并将报纸改成战时小报，组织报社的同志备战，轻装上阵，做好炒面装入米袋，将不便携带的物资及不便转移的女同志、病号、小孩，疏散隐蔽到离山庄二十多里的庄子岭。庄子岭地形险要，天然山洞多，山上有树木，是八路军总部的后方隐蔽基地。

5月24日，日军开始向辽县、武安、偏城等地袭击合围，来势凶猛。25日，日军以六千多兵力从西、北、南三面向艾铺合围，多架飞机配合，轮番轰炸。为了适应打游击和出报，何云将报社人员临时编成两个连队，由报社秘书长史纪言、印刷厂厂长周永生分别担任连长，总称是八路军教导队，何云任队长，上过抗大的林火任指导员。25日凌晨，八路军总部从麻田、大林口出发，何云奉命带领二百多人的队伍，在一个警卫排的掩护下，从山庄出发，与总部一起向游击根据地附近的庄子岭、寺子沟转移。队伍撤离山庄时，已听到枪声，经过南艾铺，机关、学校、部队很快被敌人发现，被加紧合围。我军在十字岭方向跟敌交战的枪炮声不绝于耳。这时，总部的队伍还没有过来，何云让报社的工作人员休息，等待总部的消息，待命行动。

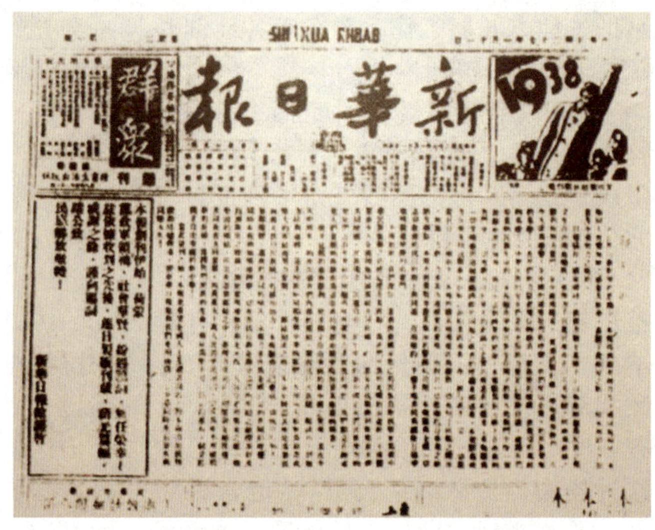
新華日報

群衆

1938

《新华日报》于1938年1月11日在武汉创刊

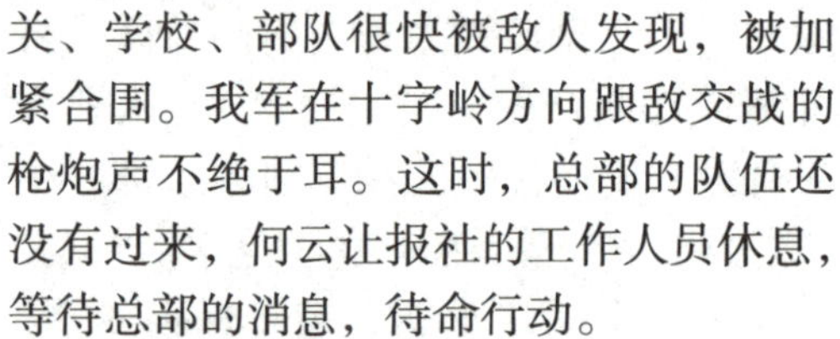

等到过了中午，几架飞机隆隆而来，左盘右旋，向下俯冲，投弹，扫射，爆炸声震天动地。何云急忙把人马疏散到沟谷、山洞和树丛中隐蔽。驮铅字、印刷器材的三头骡子被炸死，翻倒在山沟里，铅字撒满了山坡。

等到黄昏时分，何云突然发现西山山梁的路上，影影绰绰有人影。去人联络，是野战政治部主任罗瑞卿带着突围的同志在那里休息。何云像遇到救星一样兴奋，急忙集合队伍，连走带跑地带队上山岭和总部会合。何云一到山上，就去见罗主任。罗主任向他们介绍了总部几天来的情况。

原来，昨天拂晓，总部司、政大队人马从驻地出发，准备向冀西方向转移，计划跳出敌人包围圈，到外线去打游击。谁料，出村不远就遭到辽县、武乡、榆社等地南北几路敌人的突击奔袭，将总部紧紧包围，总部警卫团向敌人展开顽强的战斗，在万分紧急的情况下，遇上刚从外线向西的一二九师主力七七一团在附近路过，闻讯立即赶来解救，经过一场生死搏斗，击退了敌人。总部决定兵分两路，一路由彭德怀副总司令率领向西突围，另一路在七七一团的掩护下，由罗瑞卿主任率领宣传、民运、敌工部等机关向东南突围，现在刚刚来到十字岭，部队经过两天一夜的行军、战斗，早已疲惫不堪，正在就地休息。这时夜幕四合，罗主任指示何云，让教导队也在山梁上休息，听令行动。休息中，何云从团长马忠全那里听到一个沉痛的消息：左权副参谋长在指挥部队与日军作战时不幸牺牲！何云心痛如绞，悲愤得失声痛哭。

第二天拂晓，罗主任率部队沿着高山狭路，向东南方向转移，走了三个多小时，发现前面山下有许多敌人。罗主

任当机立断，命令全体人马兵分几路，分段行动，分头向西转移。何云指挥教导队到武安县馆陶川，爬上西边高山，突然南山头传来机枪声，青年木刻家赵在青被机枪打中，摔下山沟，壮烈牺牲。何云怀着悲痛带着队伍来到坡底深谷，又与大队人马会合在一起。罗主任等各分队会合后，立即集合队伍，宣布："同志们！我们身边的主力部队另有作战任务，我们不能拖他们后腿。我们要'放虎归山'，让他们担负起粉碎日军'扫荡'的战斗任务。我们要独立行动，一定要胜利冲到外线去打游击！"

罗主任讲完后，各单位火速召开小型会议，讨论如何行军突围。报社经过讨论，决定分成三路：一路由何云率领少数编辑、电务、印刷工人组成轻装小分队，随罗主任突围转移到冀北继续出油印报；另一路随一团突围，到太南采访；最后余下人员由史纪言带领就地分散隐蔽和老乡们一起打游击。何云将此计划向罗主任做了汇报，得到批准后，立即分头行动。

何云带着准备出油印报的小分队突围，由于敌人封锁很严，几次突围都遇到困难，只好退回到庄子岭西山沟里树下隐蔽。天黑时，敌机投掷燃烧弹，山坡上的枯草都燃烧起来，部队一边灭火，一边继续突围，到次日天亮前，大部分同志突出了包围圈，但何云与部分同志还是没有冲出重围。

天亮后，敌人以所谓"篦梳战术"开始搜山，晚上搭起帐篷在山头宿营，包围圈里还有汉奸活动，何云和十几个同志寸步难行，连吃饭、喝水都成了问题。这时，何云跟大部队已完全失去联系，不清楚敌人在哪里，也不知道该往哪里去找上级。何云果断做出两条措施：一是一起设法转移到庄子岭上去隐蔽，跟上级取得联系后再出油印报；二是由电文科副科长文绶同志带着电务科五六个人从另一方向去庄子岭，约定太阳落山后在庄子岭集合。为了减少目标，文绶带着电务科同志先走。

何云带着四五个人隐蔽突围，到辽县东南大小羊角村附近时，被山上的敌人发现，遭到敌人疯狂的射击。何云的腿行动本来就很困难，不幸又被敌人打中，重伤昏倒在地。医生上来抢救，何云用力睁开眼睛，对他说："我的伤不重，快去抢救倒在前面的同志。"谁知等医生检查完了其他伤病员，返回查看何云时，何云已流尽最后一滴血。

（本文选自解放军出版社《中国共产党抗日英雄传》，有删节）

“红色间谍”钱壮飞

文/王　凯　刘　佳

钱壮飞是中国共产党早期隐蔽战线上的杰出代表，周恩来把他与李克农、胡底并称为我党情报工作的“龙潭三杰”。他长期担任国民党特务头子徐恩曾的机要秘书，在这个特殊的岗位上，为党中央的安全和红军反“围剿”的胜利作出了重要贡献，特别是1931年4月顾顺章叛变，更使钱壮飞成为中共情报史上的传奇人物。周恩来每当念及此事，都会动情地说：“如果没有钱壮飞，我们这些人早就不在了。”

钱壮飞

栖身虎穴

1895年，钱壮飞出生于浙江吴兴（今湖州）一个殷实的绸商家庭。六岁进洋学堂读书，学业优异，十二岁进入浙江省立第三中学（今湖州中学），十八岁只身到北平，住在湖州会馆。1915年，在族亲钱玄同的帮助下考入北京医科专门学校，1919年毕业后留京行医。1925年经内弟介绍，他和夫人张振华加入中国共产党，随后以医生职业作掩护，从事党的宣传工作。

1927年大革命失败后，钱壮飞到河南开封冯玉祥的西北军当军医，后因军中欠饷严重，迫于生计又去上海谋生，与党组织失去联系。第二年，他无意中在报上看到一则无线电训练招考广告，经考试以第一名的成绩被录取。这个训练班是国民党CC系骨干、上海无线电管理局局长徐恩曾主办的，徐恩曾很赏

识这个博学多才的年轻人，又见他同是湖州同乡，所以很快便将钱壮飞调入上海无线电管理局工作，并让其担任自己的秘书。1929年冬，徐恩曾调任国民党中央组织部党务调查科主任，亦将钱壮飞带到南京，委以机要秘书要职。

运筹敌营

国民党中央组织部党务调查科是中统的前身，是陈果夫、陈立夫直接操纵的特务机关。到调查科工作后，已与我党组织重新联系上的钱壮飞深感关系重大，便通过李克农向中央请示。周恩来听了汇报后认为机会难得，提出要将国民党的特务组织拿来为我们服务，并决定让钱壮飞、李克农和胡底三人组成特别党小组，直接归中央特科单线领导。随后经钱壮飞介绍，李克农和胡底相继进入国民党特务机关并受到徐恩曾的重用，成为党务调查科在上海、天津方面的重要负责人，三人形成了打入国民党内部的“红色间谍网”。

徐恩曾是个花花公子，整天混在舞厅、酒馆，他把所有的事都交给钱壮飞负责，钱壮飞便把女婿刘杞夫等可靠的人安排进来，一方面处理日常事务，一方面担任他和李克农等人联系的秘密交通员。当时，调查科所有的电报、情报和各种文件，都首先要经过钱壮飞之手，由他审阅并提出处理意见，徐恩曾只在上面签个字，这样钱壮飞就掌握了调查科的全部机密。他们截获了敌人大量机密情报，源源不断地向党中央传送，特别是在红军进行第一、第二次反“围剿”战斗中，钱壮飞将获得的许多重要军事情报，通过李克农准确及时地转交给党中央，对于红军作战起了重大作用。

救险龙潭

1931年4月24日，中共中央政治局候补委员、中央特科负责人顾顺章在武汉被捕，旋即叛变。4月25日晚，顾顺章被秘密送上一艘货轮，连夜押送至南京。

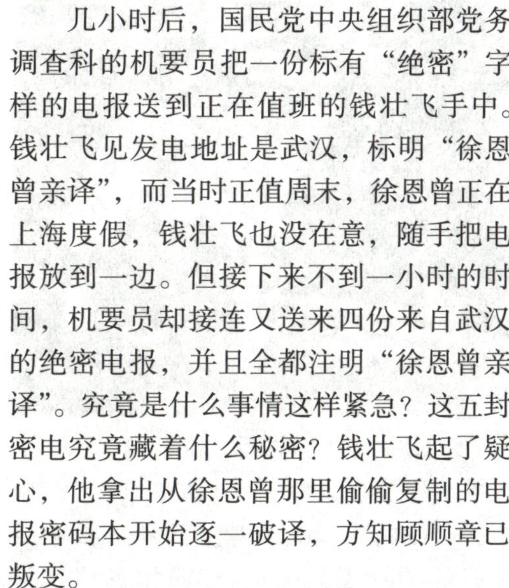

几小时后，国民党中央组织部党务调查科的机要员把一份标有“绝密”字样的电报送到正在值班的钱壮飞手中。钱壮飞见发电地址是武汉，标明“徐恩曾亲译”，而当时正值周末，徐恩曾正在上海度假，钱壮飞也没在意，随手把电报放到一边。但接下来不到一小时的时间，机要员却接连又送来四份来自武汉的绝密电报，并且全都注明“徐恩曾亲译”。究竟是什么事情这样紧急？这五封密电究竟藏着什么秘密？钱壮飞起了疑心，他拿出从徐恩曾那里偷偷复制的电报密码本开始逐一破译，方知顾顺章已叛变。

顾顺章是负责中央特科工作的主要领导人，掌握着中共中央的大量核心机密，如果他把知道的和盘托出，几天后的大上海将是一片腥风血雨。更可怕的是，党中央对即将到来的灭顶之灾还一无所知。押运顾顺章的货轮大约在4月27日上午到达南京，加上半天的紧急部署，4月28日国民党就有可能进行大搜捕，而当时已接近4月25日子夜，情报最迟必须在26日傍晚前送给在上海的李克农，否则即使得到消息也根本没时间转移。钱壮飞发现当晚还有一趟去上海的火车，急忙到家中叫起女婿刘杞夫，让他连夜赶往上海通知李克农。

刚送走刘杞夫，这时机要员又送来一封加急密电：“切勿让钧座以外人知

钱壮飞

道，否则将中国共产党上海地下机关一网打尽的计划会落空。”钱壮飞顿时明白了自己的处境，顾顺章对自己的身份一清二楚，电报中所说的徐恩曾以外的人，指的正是自己。他连忙将几封密电恢复原状，放在徐恩曾办公桌上，随后快步赶往隔壁中央饭店四楼的“长江通讯社”，用小刀把办公桌上的地图划出一个“十”字，暗示安插在这里的我党地下工作人员切断一切联系迅速撤离。最后，他给徐恩曾写了一封信，压在办公桌的玻璃板下——“可均先生大鉴：行色匆匆，未及面辞，尚祈见谅。政见之争，希勿罹及子女。不然，先生之秽行，一旦披露报端，悔之晚矣！”

第二天清晨，钱壮飞结束了值班从容离开，直接来到火车站，跳上了南京开往上海的列车。与此同时，先行出发到达上海的刘杞夫，也在一家小旅馆内找到了李克农，李克农立刻通过陈赓将情况汇报给周恩来。此后的两天两夜，中共中央、江苏省委、共产国际远东局等共产党几十个秘密机关和周恩来、瞿秋白、王明、博古、邓颖超、邓小平、陈云、陈赓、聂荣臻等几百名工作人员及地下交通等全部转移，使国民党搜捕人员扑了空。从此之后，党中央从上海转移到江西苏区。

徐恩曾怕被追究，经疏通上司陈立夫和有关同僚，向蒋介石隐瞒了秘书钱壮飞是共产党员及密码已泄露之事。就这样，密码也一直未更改。当时红军的对敌侦察主要依靠无线电侦听，长征中也未中埋伏，并总能选择敌合围的薄弱部位跳出，对此，钱壮飞功不可没。直到蒋介石死后，徐恩曾才将自己隐瞒几十年的往事公布于众。他在回忆录中说：“自己一生所犯的最大的错误，就是不该重用钱壮飞。”

（本文选自《党员干部之友》，有删节）

王白伦——鞠躬尽瘁的良师先导

文/丁 静

投身革命二十年，他一直身居要职。生前带病坚持工作，死后没有留下一张照片，故居前仅余一堆瓦砾，这就是王白伦鞠躬尽瘁的一生。

原琼山市委党史研究室主任王万江说："王白伦去世时，悼词写道，'功劳不小，贡献很大。自奉俭约，公忠为众……是全琼革命同志的良师先导。'这是对他颇为中肯的评价。"

寒门养育三忠烈

王白伦原名王育才，1903年出生于原琼山道崇乡下云村，父母都是忠厚勤劳的农民，这个普通的家庭却养育了三位革命志士。

引领王白伦走上革命道路的，是他的大哥王育贤。王育贤中学毕业后先后担任潭门小学和龙发小学的教师，思想十分活跃，五四运动后，接受了马列主义思想，后来加入中国共产党。

王白伦早年因为家境困难，1923年随亲戚到南洋谋生，在泰国当船工，受尽压榨。1924年，在家乡的妻子邱氏染病没钱治疗去世。王白伦遭受沉重的打击，悲痛不堪，不久便从泰国返琼。

1926年，盘踞琼崖的军阀邓本殷被推翻，王白伦在大哥的带领下，开始投身革命斗争。他与大哥王育贤一起，走村串户，发动群众组织农民协会，成立农民自卫军，举办农民夜校、识字班，宣传革命理论。由于工作积极，不久之后，王白伦就被道崇乡农会选送到琼崖高级农民军事政治训练所学习，并加入中国共产党。

1927年四二二琼崖反革命事变中，王育贤在府城被杀害，王白伦幸免于难回到道崇乡。亲人的牺牲让他更加坚定了革命的信念，他把各村农会的自卫军组织起来，统一指挥，攻打国民党地方武装道崇民团，打击了敌人的嚣张气焰。

1927年6月，中共琼山县委从合群、三江、咸来、道崇等乡农会自卫军中挑选优秀分子百余人，成立琼山人民革命军（1927年7月，改为讨逆革命军），编制一个中队两个小组，王白伦等人被编到第一小组。拿到枪后，王白伦说："革命的枪支就是自己的生命，人在枪存。"

此后，王白伦更加英勇顽强地战斗。1927年9月琼崖特委发动全琼总暴动，特委命令琼山讨逆革命军调往定安，转而攻打嘉积外围敌据点椰子寨，王白伦一马当先，冲锋在前，部队很快攻进椰子寨。11月，王白伦参加南征，转战二百余里。

处事稳重决策果断

1932年国民党第二次"围剿"琼崖革命，斗争环境十分恶劣，当时王白伦尽管与特委机关失去联系，但仍然在乐万地区坚持领导革命斗争。

一天深夜，他和一位同志深入到村子组织发动群众，遭到叛徒突然袭击。王白伦头部被打伤，当场昏迷。同行的那位同志被打死，尸体压着王白伦，叛徒认为他们都死了。不久，王白伦苏醒过来，爬到番薯园里，早晨被群众发现后背回家治疗，幸运脱险。

险些丧命的经历，王白伦没有畏惧，依然深入被敌人摧残过的村庄，逐个做群众工作。经过两年多艰苦工作，乐万地区被敌人破坏了的党组织重新恢复起来。

1934年春天，王白伦派人到琼文地区了解情况，终于与琼崖特委联系上。1936年，琼崖特委决定成立善集县委，由王白伦兼任县委书记。同年5月，中共琼崖特委召开第五次扩大会议，选举王白伦为特委常委兼组织部部长。会议决定成立琼崖红军游击队司令部，王白伦任政委。

七七事变后，为了团结抗日，建立琼崖民族抗日统一战线，冯白驹迁往琼山塔市乡的演村，指导我党代表与国民党当局谈判。国民党当局悍然派兵逮捕了冯白驹夫妇。危急关头，王白伦代理特委书记。

王白伦为人忠厚，处事稳重，为了营救冯白驹夫妇，王白伦亲自布置、果断决策。当冯白驹被押往府城时，王白伦派人化装跟踪随时保护，并以特委的名义通告全琼全国，揭露琼崖国民党当局假团结、真分裂的罪行。

1940年2月，为了坚持抗战，特委和独立总队机关西迁建立美合根据地。当时几百人马到达南渡江东岸的旧州至云龙地段时，敌人派出重兵向我军包抄，情况十分危急。王白伦当机立断，指挥部队急行军冲过公路干线。我方人马刚冲过公路线，日军大批坦克、步兵、骑兵就向原来我军所在位置扑去，但连人影都没看到。

在行军途中，王白伦因过度疲劳而昏倒，经过急救才苏醒过来，王白伦的第一句话就问"部队怎样了"，听到大家说"我们已脱险，把敌人甩掉了"时，他才稍稍放心。

勤俭奉公积劳成疾

王白伦参加革命二十年，未曾一日脱离斗争，担任琼崖革命领导职务，却一直奉行勤俭艰苦的作风。

抗日战争胜利后，革命队伍中出现了太平麻痹思想，看不到国民党在"磨刀"，内战一触即发。1946年1月，琼

王白伦烈士雕像

崖特委在白沙县牙叉镇召开党政军领导干部会议，讨论战争与和平的可能，王白伦坚决支持冯白驹的看法。王白伦对大家说：“和平是我们的希望，要争取。但目前国民党四十六军到处挑衅，制造纠纷，内战势在必打。”

为了应对国民党挑起的内战，琼崖特委决定成立五个临委，王白伦兼任西区临委书记。内战爆发后，环境恶化，生活极为困难，王白伦长期缺乏营养，疾病缠身。

此时，儋县县委派人为他送去几斤大米，当勤务员给他端来一碗不加野菜的稀饭时，他问道：“哪儿来的大米，大家都一样吗？”在他再三追问下，勤务员只好说出实情。王白伦生气地说：“大家都饿着肚子，你们却给我搞特殊，这样行吗？！”他命令勤务员把这碗稀饭倒进大锅同野菜混在一起。

后来，儋县县委送来一批布匹，大家见王白伦的衣服破烂不堪，便劝他多置一件衣服。他却一件都不要，并说：“你没看见别人连破衣都没有吗？”

艰苦的战争生活不仅是对意志的考验，也是对身体的巨大消耗。王白伦肺病多次发作，大家劝他休息治病，他总是优先考虑工作。1946 年 10 月间，王白伦身患重病，仍坚持带病召开会议，布置儋县、白沙、临高等县的战时任务和群众工作。同志们看他实在支持不住了，便力劝他暂时休息，他说：“你知道吗？革命处于紧急关头，正是你死我活的时刻，我能静下心休养吗？工作不布置好，我就不放心，死也不能瞑目。”

也许王白伦已经意识到自己时间不多，他拒绝了同志的关心，忍着病痛坚持工作。最终在 1946 年 11 月 5 日，琼崖革命黎明前最黑暗的时刻，王白伦由于病情恶化，带着他毕生最大的遗憾撒手人寰。

（本文选自《海南日报》，有删改）

坚持到胜利

文 / 许钊群

志愿军一等功臣、朝鲜“二级战士荣誉勋章”获得者唐凤喜，最近从朝鲜前线回国，列席中国新民主主义青年团第二次全国代表大会。在我访问他的时候，他兴奋地向我叙述了他的一次战斗的故事。

那是在1951年10月下旬，守卫在金城附近某高地六十八号阵地上的志愿军的一个排，向侵犯这个阵地的敌人展开了激烈的阻击战。战斗连续进行了三昼夜，美军曾用了两个营的兵力，配合大炮飞机向这个阵地发动了二十多次攻击，但他们一个人也没能爬上这个阵地。

在战斗的第三天晚上，坚守这个阵地的志愿军的一个阻击班，接到连里要他们换防的命令。当这个班回到连指挥所的时候，连长忽然发现班里缺了唐凤喜，就问班长：“唐凤喜怎么没下来？”班长说：“傍晚他到排长那里去联络，一直没有回来。”

连长想起这位在战前为了参加阻击班而写了十三次决心书的唐凤喜，现在竟不知去向，心里着急起来，大家也在为唐凤喜担心。

就在这时，突然在六十八号阵地上响起一阵激烈的枪声和手雷声。同志们听了，都感到诧异：“怎么搞的，副连长他们不是刚从那儿出发了吗？刚才通信员往营部回来说，兄弟部队在迂回，那么，这是谁跟敌人打上了呢？”

原来这就是他们所担心的唐凤喜在和敌人战斗。

这天，天还没有黑的时候，机枪组长唐凤喜接受了前往山坡那面和排长取得联系的任务。唐凤喜端着自动步枪，从山腰上悄悄地插到排长那儿去。可是当他从敌人封锁的火网下再爬回到六十八号阵地的时候，天色已黑蒙蒙的了。

“副排长！副排长！”他喊了几声没有人回答。唐凤喜有点急，他向黑乎乎的弹坑摸过去。碰到的是几块石头，摸到的是几颗手榴弹，再往前摸去，又碰到了僵死的美国兵尸体，但是就没有找到自己的人。他坐在弹坑里沉思。突

然听到从远方传来了沙沙的脚步声，静听下去，声音越来越小了。他想起身追上去——不！他马上又镇静下来。“阵地上没有人哪能行！我不能走！”他刚拿定主意，敌人的一排子弹飞过来，刷刷地打在附近的山石上，冒出一股火花。原来是四个美国兵向六十八号阵地摸上来了。

唐凤喜敏捷地做好了准备工作，把手雷的盖揭开，顺手插在腰间，跃出弹坑，紧紧地盯着爬来的敌人。敌人打了几排子枪，山头上没有一点回音，更得意忘形地向前爬着。唐凤喜记起昨天排长告诉他的话：“阵地重要！剩下一个人也要守住。”想到这里，他的勇气更大了。敌人爬得更近了，唐凤喜猛然扔出一颗手雷，手雷在敌人群中爆炸开来。唐凤喜又迅速地跳到土崖后面，扣动扳机，猛烈地射击着爬过来的敌人。

敌人反扑了五次，每次都被打退了。

第六次反扑，比先前几次来得更凶。一颗炮弹在唐凤喜身边爆炸了，他从被炸塌的弹坑里露出脸和手，已经觉得脸上手上都沾满了鲜血。他忍受着疼痛，挣扎出来，顾不得看究竟是哪儿受伤了，又爬近机枪，继续去扣扳机。子弹已经打光了，可是敌人的炮弹仍在他周围爆炸着，敌人又向前扑来。就在这千钧一发的时刻，他忽然想到：利用敌人的子弹去消灭敌人。他从敌人的尸体上找到了子弹，一边射击，一边又扔出手榴弹。在短短几分钟里，唐凤喜又打退了第六次进攻的敌人。

在过去的三天里，唐凤喜一个人曾用手雷打垮了敌人一个班，指挥两个组和敌人冲了十几次。经过这几天的激烈的战斗，再加上伤口阵阵疼痛，他无力坚持了。他瘫软地倚在一块洼地上，脑子里想的事情很多，想到鸭绿江西岸山清水秀的故乡——辽东庄河；又想到参军那天母亲的叮嘱：“到部队里要做一个毛主席的好战士。”半月前母亲还来信了，说家里盖了五间新房子，参加了生产合作社。这和八年前自己给地主扛活、妈妈讨饭的痛苦生活一对比，唐凤喜打心眼里明白，这些好处是共产党、毛主席带来的。他想起指导员教导他的话：要在战斗中向共产党员学习。又想起一个月以前，房东的三个可爱的孩子被敌机炸死的惨状。想到这些，他在心中默默地宣誓：为了保卫祖国、保卫朝鲜人民，我一定要坚持战斗下去。正在这当儿，“叭叭”两声枪响，不知从哪儿打来的。后山坡有不少人吵嚷着。唐凤喜听了，马上准备迎击敌人第七次的攻击。可是他的身子不听使唤了，他用尽力量仍是动弹不了。手里只剩下了一颗手雷，他掏出弹弦，握紧弹柄。只有一个想法：我死，也叫你们活不成，有我在，决不让阵地丢掉！

几分钟过去了。他定睛一看，炮弹是从北方来的，就像火箭一般向敌人打过去。接着是黑压压的人群从后山坡冲上来了。唐凤喜一看，心里早就明白了。

“自己的部队来了！”

“原来是你呀！”副连长走到唐凤喜跟前一把抱住他说：“你坚持到胜利了！”

唐凤喜两眼直盯着副连长，一时兴奋得不知说什么好了。

（本文选自《人民日报》）

光辉的南北岱崮保卫战

文/冠　西

距兹阳四百二十米和二百四十米的两个崮顶，在敌人十军山田参谋长和三十二师团石井师团长亲自指挥下，用三个步兵大队、一个炮兵中队、一个空军中队和一个伪军团，一直疯狂进攻了半月，炸弹、炮弹消耗了四十万磅以上，还狠毒地使用了燃烧弹和两种以上的瓦斯弹，而抗击者和坚持者——八路军的指战员，只有九十三个人。除了共产党的军队，历史上再也找不出这样光辉的战斗，再也找不出这样英勇的军队。

1943年11月13日，敌人占领了芦崮，上午11时10分，对岱崮开始进行试探性的进攻，四百多敌人傲然地整队前进，从四障一直扑向光崖，等他们走近光崖一百多米的预定火网区以后，在三四丈高的崮顶上的守卫者，发出响亮的射击口令，排枪像烈火般的喷进敌人的行列，敌人来不及还击便溃逃下山。敌人一个机枪组逃到西北方向的小山去，想实行火力“掩护”，但机枪腿刚刚着地，小山头猛烈地震动了一下，一颗重磅的地雷爆炸了，机枪和他的三个机枪手一齐随着黑烟被抛到老远的山边。

崮顶特等射手不断准确地射击着拉尸体的敌人，敌人无奈只能放起烟幕，退入沟底。五架轰炸机在崮顶盘旋，沉重的马达在山谷回响，炸弹狂暴地向崮顶倾下来，全崮被浓臭的烟味和厚重的尘土笼罩，战士们躲进防空洞，从枪眼里透过烟雾监视着崮的边缘。

敌人进攻在下午4时半结束，轰炸机不响了，敌人抬着十几具尸体退回范家峪。接连四天的进攻和轰炸，敌人的收获只有死亡、溃退和弹药的消耗。我们的战士们白天不断地在战斗的空隙里修补着盖沟，夜间下山掩护着挑水，他们尽量不用崮上保存着的水。作战暂停时，战士们都悠闲地回忆一下飞机低飞时的形状，议论着机身的号数和颜色；当轰炸机和大炮在崮上崮下轰鸣着的时候，他们无所忧虑地坐在工事里，数着炸弹和炮弹的数目，有的甚至有趣地说：“炸一炸地松了，明年好开荒。”他们每人每天只喝两茶缸水，无形中建立了一个自觉的纪律：不论自身感到或遭到任

何艰苦、危险，只有忍耐，没有叫苦。

17日，敌人再也不敢轻视他的对手了。黎明，敌人占领了范干峪、郭家庄以及岱崮周围所有的大村庄，成千个日本兵，五六百个伪军，夹杂着骑兵、炮队，包围了南北两崮。在山坳里，他们布置了整齐的阵地，安设了炮位，地上铺上联络空军的大旗，然后在空军配合下，开始整日的火力轰击。崮上的工事部分被毁，伤亡也逐渐产生了。然而，守卫的战士们丝毫也不气馁，他们在炮火里一面修复着工事，一面沉着地还击敌人。

从这一天起，敌人开始对岱崮昼夜围困，然而，敌人面对这样据险抵抗的对手，对自己胜利抱极大的怀疑。他们白天全靠飞机的轮番轰炸和大炮的轰击，晚上只有蹲在崮下，迎着寒风叹息。我们只需一个班的掩护，就能下崮，在距敌人阵地五六十米的地方挑水。有一夜，我们甚至留了极少一部分兵力守崮，其余的战士全部下崮活动，一直袭击到敌人纵深的东莞村。

和在其他抗日根据地一样，在共产党领导下的八路军面前，敌人又一次显露出他们的无能。于是新的阴谋出现了，接连好几天，他们都去抓老人、女人、小孩，强迫这些老人、女人、小孩上来送信、喊话。有一次战士们亲眼看到山下的敌兵用枝条抽打一个老人的胸背，三个端刺刀的敌人一直逼他走到山腰。战士们恼怒地瞄准了那三个敌人，放了一排枪，敌人像兔子似的蹿下山，老人沿着一条小沟脱身溜掉了。

敌人白天把崮团团围紧，夜间有所用意的闪出一条很小的路，不放哨，也不打枪。起初几天，他们在下面用不伦不类的中国话喊："你们下来投降，投降优待的。"后来他们喊："你们走。你们走了，我们也走的。"最后他们凶恶地叫着："八路的坏坏的，叫你走你不走，捉住剥皮……"战士再也忍不住了，他们响亮而愤怒地高喊："要打就打个痛快，有种的步兵冲锋吧！"敌人沉默，炮弹又恼羞成怒地在崮上疯狂爆裂……

那几日，我们的外围部队，一直没有断过对崮上的援助和配合。他们三次袭击了范干峪、郭家庄，两次攻打大张庄一带的伪四师在容沟区的中队。民兵更配合主力对敌人围攻岱崮的运输队，打了一次埋伏。我军一个团政委亲率所属，几次冲过敌人的重重围困，往山上送水、送肉，带来军分区首长对英雄们的慰问信。大崮区逃出的同胞以及附近地区的群众，天天登高远望，祝福着守崮英雄们的安全，有几个老大娘甚至每晚对崮焚香。

这一切给了守崮英雄们以无限的勇敢和快慰，他们有信心像军分区首长慰问信上说的："坚持七至十天就是胜利。"他们更紧张地修补着工事，更准确地射击敌人。

更紧迫的日子到来了。

23日，敌三十二师团的参谋长羞恼地从驻地坐汽车赶到岱崮前线，他把进攻的部队完全撤换成三十二师团的精锐，飞机增加到八架，炮队换了最老练的炮手，并且调来了一门八头骡子才能拉动的重炮，在土门屯集了四十二辆装满炮弹的汽车。他命令昼夜轰击，昼夜进攻，飞机每天至少要轰炸三次，炮队要用排炮集中轰击岱崮的南门，步兵要以近迫作业，步步接近崮顶。于是壮烈的攻防战开始了。

南岱崮崮顶

岱崮保卫战英雄班

北岱崮崮顶

从24日开始，南北岱崮陷入狂暴的爆炸和厚重的烟火之中，敌人的重炮连续地轰击，流霰弹的碎片满山凄厉地呼啸，燃烧弹在崮的每个角落里燃烧；八架飞机整日地轮番轰炸，炸弹的磅数由每架飞机载六至八个，增加到每架只载两个，投掷炸弹的命中目标由四分之一、三分之一，提升到二分之一以上。三丈多高、周围八九米粗的峨圹被拦腰炸碎，有着一丈多宽的工事外壁被炸成两人多深的大坑，交通壕被炸平了，掩体也被炸烂了，蓄水洞里的水缸震裂了，个别防空洞的门口塌陷了，战士们在充满硝烟尘土的防空洞里被震得抛离地面，帽子掉到地上，个别身体虚弱的被震得口鼻流血，然而他们的意志还是钢铁一般的坚定。成为轰炸和炮击主要目标的南崮南门，共产党员二排副排长曹兴鲁带领着六班，一直坚守着。他们的口号是：“南门是我们的，至死不退缩。”

当炮弹正在门的周围疯狂冒着火烟时，战士刘贵祥绕进南门上的碉堡监视敌人，一颗炮弹炸去了碉堡的一半，硝烟熏坏了他的眼睛，他随着倾塌的石块滚进壕沟。战士李永斗立刻钻进轰毁的碉堡接替他的位置。又一颗炮弹飞来，碉堡又被炸去了一角，李永斗头破血流地倒下来，于是第三个勇士又英勇地钻上去。八架轰炸机在门的上空轰鸣了不到一分钟，八颗重磅炸弹连续地坠落下来，黑烟遮天蔽日地升起，碎石和弹片满天飞舞，碾砣大的石块从光崖崩裂，工事完全翻腾起来。

飞机还没飞走，二排副排长就带着三个还能行动的战士从废墟里钻了出来，冒着炮火，监视山下的敌人。张善才受重伤，别人问他的时候，他狠狠地指着被摧毁的工事说：“不要问，监视敌人重要，我牺牲事小，敌人爬上来事大。”徐洪彬被木材压坏了腰，可是他刚刚喘息了一下，立刻举起几十斤重的大石头赶着修工事；被制止了以后，他从碎石里拖出被砸坏的步枪，装上刺刀，带着突击组一拐一拐地去巡逻。有着三丈多高悬崖的南门虽然被炸成一个六十度的斜坡，但有二排副排长和六班的三个战士顽强坚守，敌人一直没法冲上来。

崮的形势一天天紧迫起来，与外围的联系完全断绝了，即便两崮之间也不能通信。水缸在洞里逐渐破碎；做完饭，锅要立刻埋进土里，不然就会被炸弹震得粉碎。工事的缺口在一小时一小时地扩大，伤员也增加了。从前每人每天可以休息七八小时，现在连吃饭也换不了班了；从前每人每天可以喝两茶缸水，后来减为一茶缸水，再后来减为半茶缸水，而且难以保持几天。在如此恶劣的情势下，敌人使用更残酷的手段，不断地从飞机上投下大批的毒烟弹，炮弹里大量地涌着瓦斯。黄烟扑到洞口来，每个人的嗓子里就像塞上了棉球，流着眼泪，打着喷嚏，吐着黄水，甚至晕眩过去。幸亏事前还准备了一些蒜瓣、肥皂，战士们把手巾浸湿，涂上肥皂放在茶缸里，一发现毒气，立刻用手巾把口鼻掩住。毒气散了，再把茶缸子揣进裤腰里，怕因为天气冷，结冻了茶缸子。

不管情势如何，这一切只有增加战士对敌人更深的仇恨以及牺牲的决心。支部发出最响亮的号召：“每一个党员不仅要在任何情势下掌握自己，而且要分工掌握群众。”于是在昼夜炮火、饥寒的交迫下，英雄们板着铁青的面孔，在废墟里与敌人坚持每一分钟的斗争。他们为了发挥更大的杀伤力，不使手榴弹从光崖下去的半空就爆炸，把一堆堆的手榴弹所有的拉火线拴在一条极长的绳子上，等手榴弹滚入进攻到光崖底下的敌人堆里时再拉线。他们甚至用这样的方法，巧妙地把重磅的地雷滚进敌人堆里。他们不断瞄准射击进攻的敌人。一排副排长曾在十九枪中接连打死七个敌人，打伤两个敌人（其中有一个机枪手，两个小队指挥者），用一支枪打退了一次三十余人的集团进攻。二排副排长曹兴鲁也曾在十枪中打死四个日本兵，其中有两个指挥官。他们不仅打击敌人的陆军，也连续地打击敌人的空军。一架黑色的轰炸机是战士们最恨的，它每次轰炸来得最早，走得最晚，飞得最低，丢得也最准，于是战士有计划地组织了对它的打击。在一次轰炸开始，黑色飞机被战士打了一次排枪后，炸弹还没来得及丢就冒着黑烟溜走了，以后再也没有看见它。

敌人的进攻，一次比一次加强，敌步兵在距光崖六七十米以内挖了工事；轰击也一次比一次地疯狂，崮顶差不多被炸得每一块土地都变了样。

情况万分紧迫了。27 日夜，守崮的英雄们召开了紧急的干部会议，分析了当前的局势，最后通过的决议是坚决突围，保持实力。理由：第一，坚守半月，已完成预定任务；第二，外援及水源断绝，弹药、人员逐渐消耗；第三，面对优势的敌军时，不宜绝对死守某一阵地，坚持一个相当时间就是胜利。

于是守崮的英雄们分别在每个阵地里进行了动员。坚持到黄昏以后，突围开始了。内部余粮扔下，将仅有的水缸连同锅碗水罐全部捣碎，破枪破刺刀巧妙地装成地雷的拉火线，掩埋牺牲者；然后干部及党员分别领导群众，帮助所有的伤员，规定了突围的方向，集合的地点。

12 点 10 分，敌人前半夜的大进攻结束了。天下着蒙蒙细雨。战士们束紧了行装，留三个人在其他方向扔手榴弹迷惑敌人，其余的，斜背着枪，沿着一条大皮绳，一个一个从崖顶上滑下来，然后在黑暗里屏着呼吸，扶着伤员，一直摸下山来。四面是架着大炮机枪的一千六百个敌人，当中是三四丈悬崖的崮顶，只要被发觉，随时都有被围困的可能。他们屏息前进，从火圈的空隙里钻出，从炮兵阵地旁边爬过，接着又穿过几道敌人的步兵宿营线，最后越过成堆的丢着敌尸的山坡，冲出了敌人四五里路所有的包围。

南北岱崮光辉的保卫战结束了，英雄们得到了崇高的荣誉。敌人半月进攻的代价，除了百余伤员及无数的消耗，只有一座空空的破毁无余的残崮，那上面的断垣残墟，永远闪耀着共产党八路军的光荣和中华民族的光荣。

（本文选自《解放日报》）

夜战王老集

口述/李文龙　整理/陈晶龙

李文龙，上海浦东人，1946年5月入党，时任华东野战军一纵三师七团三营九连文化教员，中华人民共和国成立后曾任上海市粮食局党委书记。

1948年6月5日，我参加了一场战斗。当时我在华东野战军一纵三师七团三营九连任文化教员。这天，经过与国民党黄百韬二十五师几千人在柴砦的七小时鏖战后，击退了敌人多次进攻，部队就地驻扎下来休息、吃饭，天已经渐渐黑了下来。

指导员走过来告诉我们，团领导表扬我们连虽然新兵多，但仗打得不错，希望再接再厉，做好战斗的准备。大家都摩拳擦掌，情绪高亢。晚上10时许，连长下达命令：就地驻防，开挖壕沟。我们用十字镐和小铁锹开始“近迫作业”，挖了一两个小时后，人可以蹲在坑内防御敌人了。后来接到命令：做好准备，随时迎面歼灭王老集的敌军。当时我们推测，敌人只有东面未被我军攻破，很可能会从东面进行突围。虽然已经入夏，但夜里还是凉飕飕的，在黑漆漆的夜色笼罩下，出现了难得的静谧。敌人有时会冷不防地乱放几枪，划破了天空的寂静。对此，我们遵照命令，一律不还击，不暴露目标。此时，二营正在悄悄地向王老集方向移动。

半夜一两点钟，天空中突然蹿出三颗耀眼的信号弹——这是军部发出的进攻命令！二营马上发起了进攻，只听得一阵阵“冲啊”声，伴随着剧烈的爆炸声响，火光冲天，机枪嗒嗒嗒地响了起来。我马上带着三名战士紧跟过去。敌人也马上还击，火力十分猛烈。突然，敌人一发炮弹过来，地上被炸出一个大坑，我见机就指挥战士邬月孝、蒋孝如等往大坑里跳，以避开敌人密集的射击。凌晨三四点钟，前面传来我军已突破王老集守敌防线的消息，我们按捺不住，不顾一切地往前冲，不料遭到敌人的回击，损失惨重。原来，当时仅仅炸开了敌人的“鹿寨”防御障碍物，但并未攻破防线。我们三营九连顿时处于被动挨打的窘境！团部当即下指示：二营撤！把九连留下来！

我们四个人迅速在壕沟里隐蔽起来。此时隐隐约约可看到敌人就在相距不远的瓦房和高墙内，他们优势明显。我们九连这支后勤部队，一下子推到了战斗的最前线，成了先头部队。

形势严峻，九连只剩下四十多人，仅有两挺轻机枪，步枪的质量差，都是中正枪、汉阳造等老式枪，打一枪要装一发子弹，又慢又麻烦，每人也只剩下三四十发子弹了。从兵力看，刚刚参军补充兵源的新兵多，他们才整编好就开赴前线，许多人只有一天的作战经验，从未打过大仗。当时三营副营长没有撤走，留在我们九连。他通过军用电话向临时架设在小松林里的团部报告，说九连已经到位！我们一定要坚守阵地，人在阵地在！副营长的表态，坚定了我们阻击敌人进攻的信心。

当天边泛出鱼肚白的时候，大地上的一切都看得清楚了。龟缩在高墙里的敌人居高临下，看到我们坚守在离他们一百米不远的工事里时，就不断地朝我方射击。我们给予了还击，但火力不及他们，而且伤亡加重了。连长李阿全被打断了手臂，戚副连长被敌人的子弹击中头部，当场牺牲。指导员范琪也不幸牺牲。我果断地挺身而出，充当临时指挥员，率领新兵们努力还击。

敌人集中于东门，妄想一举突围。他们的一挺重机枪威力大，我方许多人被它夺去了生命。我们向此重机枪开火，因为距离远，浪费了不少子弹，不见效果。此时我和三排副排长商量集中两三支步枪，用“齐放”的办法，瞄准敌人这挺重机枪射击。打了三次“排放”，敌人的重机枪果然哑了。我们成功了！这时敌人的火力已无优势可言，大家顿时情绪高涨起来。

此时从东门突然蹿出来五十多个敌军，他们企图突围。我们的弹药已所剩无几，而且步枪无法发挥大的作用。于是我们等敌人冲出来，接近我方阵地时，再跳出壕沟向他们扔手榴弹。此计果真有效，敌人伤亡不少，连忙逃窜，缩进了高墙内，我方竟无一人伤亡！又是一阵沉寂，我们估计敌人还会发动一次突围，就立刻检查我方武器，发现步枪已失去作用，手榴弹也只剩下一人一颗了。我对大家说：“敌人再冲过来，我们只有拼刺刀了！”果然，待了一会儿，敌人从高墙内冲出一两百人来。我顿时满腔热血沸腾，心想：“在敌众我寡形势下肯定要牺牲在战场上，为了祖国的解放，我们的牺牲是值得的。我是一个共产党员，一定要冲锋在前。”于是我对战士们大声说：“同志们，冲啊！”

手榴弹在敌人的阵营炸开了，敌人的攻势一下子被挡住了。令人费解的戏剧性场面出现了：此时敌人不向我方冲过来，却向东南方鹿寨阵地二营处退却！敌人被炸得晕头转向，他们搞不清楚我军到底有多少人，有多少弹药，又无后援部队来接应。结果是，他们退却后陷入了二营设下的陷阱里。二营以逸待劳，把来敌弄了个“瓮中捉鳖”。

这次战斗，我军一举全歼敌军一个团两个营，还缴获了大批弹药。我还听二营战士说，他们营一个炊事兵还用一根扁担押过五个敌军士兵呢。我们九连虽然没有获得大批缴获品，但被推到了战斗最前线，直接与敌军作战，成功地挡住了敌人突围，同样功不可没。战斗结束后，部队进行了总结、评比，我因为在战斗中出现伤亡的情况下勇挑重担，指挥战士们击退敌人的多次进攻，以少胜多，而被华东野战军授予二级人民英雄奖章，被师部评为一等功。

（本文由北京新四军研究会供稿）

小海战斗打起来真过瘾

文 / 姚卫民

他是南通人，是我军三大“老虎团”团长之一，原六十七军副军长。他1919年农历十月初十出生于南通市启东一个普通农民家庭。1938年南通沦陷，读高中的他弃笔从戎，加入“南通抗日游击指挥部”，走上了革命生涯。历任排长，新四军五团特务连连长，启东游击队队长，启东警卫营营长，华东野战军四纵教导团团长，三野二〇五团团长，六十九师参谋长、副师长，二十三军副参谋长，六十九师师长，六十七军参谋长、副军长，济南陆军学校副校长等职。他曾参加抗日战争、解放战争、抗美援朝战争、东南沿海战争；他曾亲身经历苏中七战七捷、孟良崮战役、淮海战役、渡江战役、解放上海战役；他参加大小战斗一百六十余次，曾力拼过五个敌人，六 次光荣负伤，遭遇二十二次生死劫……他就是老战士秦镜。

1946年1月10日，国共双方签署并公布《停止国内军事冲突的协议》，但国民党蒋介石在下达停战令的同时，却又密令国民党军队“抢占战略要点”，不断调动军队进攻解放区。在《停战协定》签订后的三个多月中，国民党在长江以北不断纠集重兵，先后侵占我苏中解放区白蒲镇、宣家堡、大桥、东沟等地，苏中形势日益紧张。“既然国民党对我们磨刀霍霍，屠杀我军民，那也就不能怪我们被迫反击了。这就叫一面和谈，一面战斗，以革命的两手对付反革命的两手。”秦老风趣地回忆道。

当时，秦镜在老七团任三营营长。3月27日，秦镜率队奉命至海安地区集结待命。离开部队休整所在地盱眙时，当地群众夹道送别，街上家家户户门口摆放一张桌子，桌上放着一碗清水，一面镜子，比喻“共产党、新四军，清如水，明如镜”的军民鱼水情。

4月20日，国民党军整编四十九师的一〇五旅三一三团接连进占我南通市东侧的小海镇、观音山镇、兴仁镇等地，杀害群众，抢劫财物，并夜以继日修筑工事，砌起几十个大小碉堡，美其名曰：“原子式的子母堡。”

面对国民党如此欺人的侵犯行为，陶勇等首长决心打一仗以惩罚来犯之敌。4月26日，命令七十二团和七团主攻小海，七团三营（秦镜是营长、姚和是教导员）负责南及西南一线向东北方向主攻，一营在右翼负责东南一线主攻。七团由金沙镇向西南方向小海镇开进，命令规定：当晚9时整对敌发起进攻。

这天夜晚，天色转阴，能见度极差，行军中不免有些联络或掉队的呼唤之声。当七团三营顺公路由东向西接近敌人运动时，四周村子里的狗狂吠不止，遥相呼应。这就等于给小海的敌军报信：新四军来了。

小海镇守敌有三一三团的团部和两个营，另一个营在观音山镇。该团武器全部是美械装备。小海镇四周都是开阔的麦田地，镇北侧有一条东西向大河，敌人主要部署在大河南侧的一个地主家的大宅院内。院外四周有地主家原来的大宅沟，沟宽十米以上，敌人又沿沟贴着大宅院墙底部外侧筑有交通壕和地堡，墙角外侧筑着一个个以碉堡为核心的小支撑点，小海镇的内外每天有巡逻小分队日夜巡逻。那天晚上敌人听到狗叫成一片，便早早分散开到外沿麦田里做好了伏击准备。

按照团长林少克、政委蒋新生的命令，七团三营由西南向东北攻击，刘兴营长率一营由东南、正南向北攻击，要求突破层层防御工事，对盘踞在镇河南边那座四合厢房院地主宅子的敌团部实施东西夹击。兄弟七十二团则由东北协同七团攻击。七团一营比三营早一点到位，在被敌发现后先打了起来，占领了较有利的地形，伤亡不大。而三营要绕过一营，刚到西南角，敌人就向三营开起火来，一下子把三营的三个连压在了开阔的麦田里。

当时秦镜和张玉成副营长随前卫连九连队尾跟进，见到这一突发情况，赶忙派通信员去各连查问情况并命令部队就地展开攻击，驱逐和击退隐伏在麦田内的敌人，尽快抢占些房屋，占领有利地形，稳住阵脚。秦镜急于了解各连占据了几座房子和坟茔等有利地形，这些在开阔地上作战是非常重要的。

尤其是九连，该连距镇西部的敌人碉堡还有多远，有几座独立房屋占领了没有？我们白天侦察过地形，多少心中有点数。然而，没有料到敌人会先发制人，等于打了我们的埋伏。

三营在处于极为被动的形势下，各连的指挥员按照秦镜的命令，尽力组织火力，还击敌人。同时，抢占有利地形。幸好天气昏暗，田野里黑沉沉的，敌人看不清我们，不然可就更糟了。

然而，令人痛心的报告一个接一个而来。九连正副连长都牺牲了！不久，该连指导员也战死了！九连干部中，只剩下宋国培一个排长，一个副排长。秦

秦　镜

镜立即命令：宋国培指挥九连！这时，七班副班长陶如生机智灵活，不畏敌火，率领突击小组勇猛地越过障碍物，接近敌地堡，将手榴弹塞进地堡枪眼，歼敌一个班，占领了西北地堡工事。该连一排、二排趁机占领了庄院北几栋小房屋，逼至敌前沿阵地。

八连连长张家禄也受伤了，全营三个步兵连长只剩下七连连长任贵云，该连指导员也已牺牲。各连排干部也伤亡较大，然而，部队伤亡并不大，为什么？答案只有一个：部队被敌人的火力压在开阔地后，指挥员们挺身而出，在火网中奔跑，忙于组织火力反击敌人，所以他们才会在敌人猖狂的火力中倒下。后来，从通报中得知，一营营长刘兴同志也是在那时牺牲的。

血的代价，换来战况的好转。麦田里的敌人被逐步驱逐了，九连乘胜打到

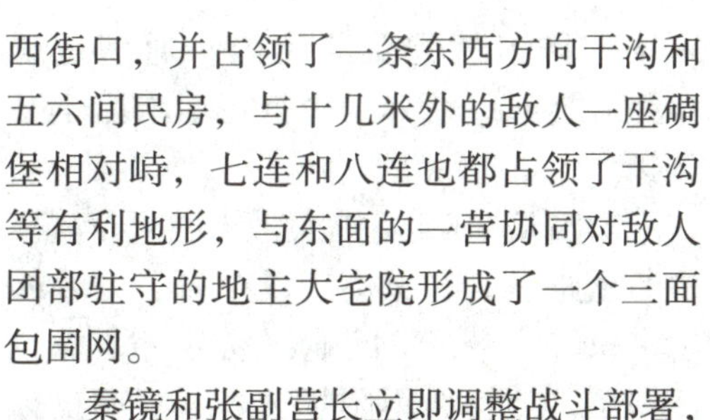

西街口，并占领了一条东西方向干沟和五六间民房，与十几米外的敌人一座碉堡相对峙，七连和八连也都占领了干沟等有利地形，与东面的一营协同对敌人团部驻守的地主大宅院形成了一个三面包围网。

秦镜和张副营长立即调整战斗部署，指定好连、排长代理人。敌人此时也不打枪了，战场上较为沉寂。秦镜和副营长张玉成商量："我到团指挥所去向团长要重机枪连来支援。"张副营长信心不大，他说："团部最多只会给三挺。"

秦镜带通信班长急匆匆赶到团部，向团长和团政委报告了战况，请求把团重机枪连给三营。林少克团长和蒋新生政委十分慷慨，立即派通信员传令：命令连长凌广生带重机枪连和迫击炮排随三营参战，由三营指挥，并指示秦镜，要求周密布置火力，选好突击方向。这可太好了！不但给了重机枪连，而且还配了迫击炮排。

秦镜随即埋头沿公路赶回营里，高兴地集中思想考虑下一步怎么打，现在干部伤亡这么大……突然前面一座黑乎乎的东西挡住去路，像民房又不是民房，像车篷又不是车篷，秦镜猛抬头一看，啊，是敌人的碉堡！一伸手即可触到堡壁。几乎同时碉堡里的敌人厉声喝道："谁？口令？"

秦镜立即掉头猛跑，可是跟在秦镜身后的通信班长糊里糊涂的，大概一时也没反应过来，回身大喊："营长！营长！"这一下可麻烦了，本来还莫名其妙、不知所措的敌人一下子醒过神来，立刻以机枪、步枪往外猛射。幸好月光很昏暗，敌人仓促射击没有准头。说时迟，那时快，秦镜三跳两跳一下子跳入

宋国培排占领的交通壕内，通信班长也跟着跳下，一阵弹雨打得壕沟沿尘土飞扬。

宋国培带着一排人散开在干沟里，他赶紧跑过来，见秦镜没被打着，才松了一口气。秦镜责问他："你刚才看见我往前走，为什么不阻拦？"这个调皮鬼却笑道："我还以为营长去投敌呢！"估计当时秦镜向前走时，他们也一时疏忽未看清。如此一闹却使秦镜猛然生窍，秦镜当即命令九连拿下这个碉堡，打进街去！先肃清镇上的敌人，再从西北方向组织攻击。

实际敌情是，镇上只有少数的敌人，敌人的防御重点是东西方向大河南面的一个地主家的大宅子。不过该宅四面有一条护宅河，只有南面一条路进出，敌人在护宅河内沿筑了很多座大小不等的碉堡，每座碉堡和宅子之间均有交通沟相通，河边还设置了鹿寨和铁丝网，宅子四面砖墙上均有射击孔，可谓固若金汤。

秦镜指挥宋国培带九连攻占了先前碰上的那座碉堡，并打下沿街敌人占领的房子。天亮了，小海镇上的敌人全部被肃清，并未进行激烈巷战，就占领了大河北边的整条街道。

最后组织总攻团部大宅院，秦镜集中全营二十七挺轻机枪、四挺重机枪，团部调来的六挺重机枪，以及九连两个排的步枪，在河北面排架成一条线，重机枪架在房顶上，轻机枪和步枪分别架在墙上开的射击孔内。秦镜还亲自给每个射手规定好射击目标，步枪手一般两人负责封锁敌人的一个枪眼，把敌人西北方向所有碉堡、墙壁上开的射击孔及交通壕上一线全部封锁住。秦镜说："我要打得敌人抬不起头来！打得它无力还击！"集中火力掩护七连从南面攻，八连和九连一个排从西面攻，通过大竹园过宅沟突破西面一排房，打入大宅院里，全歼该敌。

总攻命令一下，好家伙，几十挺轻、重机枪打成了一个声，只听子弹飞啸，打得竹叶沙沙沙地纷纷落下；打得竹竿噼里啪啦地倒下；打得敌驻宅砖墙上直冒白烟；打得敌人枪眼四周子弹直蹦；打得大地呼呼地生风。与此同时，团炮兵连陈应洪连长也命令炮群开火，好似倦鸦归林一般的迫击炮弹，纷纷掉进敌人固守的大院，在房顶、院里、墙上爆炸开来。

战士们在强大火力掩护下匍匐前进，敌人一时根本就无力还击。三营七连、八连的战士，在连长任贵云的指挥下，在强大火力掩护中攻了上去。九连、特务连和团部预备队也发挥主观能动性，配合极好，先后攻入敌人团部的最后堡垒。

还好，天已久不下雨，护宅河水不深，战士们爬到河边时，就朝河对岸扔手榴弹，等到手榴弹纷纷爆炸，掀起朵朵烟雾时，战士们才纷纷下水，冲向对岸。此时此刻，秦镜才松了口气，大声喊："吹冲锋号！"八连、九连冲进了房子，七连及东边的七十二团也先后攻进了敌团部，一营亦从正南方向攻入敌阵。拥有一千五百余人，炮十七门、轻、重机枪五十七挺的敌军三一三团团部及两个营再也经受不住猛烈攻击，迅速被分割瓦解，悉数就歼，共俘敌团长等九百余人，其余皆被击毙。中午时，战斗就结束了。整个攻击中，三营全营只有四人受轻伤就大获全胜。

在七团凯旋回归如城的路上，被俘的敌三一三团团长，仍头戴黄呢子大盖军帽，脚穿皮鞋，似乎不大认输地走在长长的俘虏队伍中。此时，我军一个小战士牵着敌团长膘肥体壮的坐骑大白马走过来。这位团长趁看押的战士不注意，疾步上前，跃身上马。白马见是主人，长嘶一声，撒蹄而去。等到牵马的小战士反应过来是怎么回事时，白马已奔入麦田数十米远。小战士急忙从肩上卸下中正式步枪，嘴里大喊："我让你跑！"话音未落，枪响人落，这位上校团长从马背上栽了下来，一命呜呼。

行军途中，秦镜在路旁见到了陶勇司令员，向他敬礼时，陶勇司令员笑眯眯地夸奖秦镜和身边的指战员："往后我只要听到风声响起的声音，就知道七团又要打胜仗了。"陶司令所说的风，不就是指那几十挺轻、重机枪猛打时所扬起的旋风吗？！

秦镜自豪地说："咱老七团的作风就是能打硬战，打恶战，能化被动为主动。这一次小海之战，虽然开始我们有些被动，但很快敌人就被我们的顽强压了下去。集中十挺重机枪、二十七挺轻机枪，打一个不超过几十米宽的正面，在老七团历史上还是第一次。我们团在装备相对改善条件下，集中火力于主要方向上的新战术运用，打起来真过瘾！"

（本文选自南通网，有删节）

担架队强渡白马河

口述 / 徐卫平　整理 / 吴江凯

徐卫平，浙江镇海人，1940年参加革命，同年11月加入中国共产党，时任华野一纵队担架团连政治指导员，离休前任上海铁路局中心医院党委副书记。

1947年，为粉碎国民党军队对山东的重点进攻，并策应刘邓大军南渡黄河挺进中原，叶飞将军指挥我华野一、四纵队从国民党军队密集进攻的间隙突围，插入鲁南敌后。从6月30日到8月30日，我军两大纵队冒着霏霏烟雨在敌人十几个整编师的包围圈中不断周旋，而部队担架队，亦在此过程中完成了强渡白马河的任务。

当时我在华野一纵担架团任连政治指导员，担架团的团、营、连等行政领导均来自胶东老解放区的县、区、乡、村的干部，而班、排长则由党员骨干和民兵组成，连队指导员大多由女同志担任。同志们刚到部队就提出“一切为伤员，不丢掉一个伤员”的口号。

队伍在费县打响了插入敌后的第一仗，并歼灭敌军一个旅。我军此后又相继对邹县、滕县发起围攻，由于部队在津浦路南段的行动对敌军徐州指挥部构成了威胁，因此敌人赶忙从正面战场抽调几个师前来围堵。随着战事的深入，不断有伤员被抬下战场，担架团每个连都接收了五十至六十名伤员，其中部分轻伤员在简单救治后重新投入战斗。部队在连续五夜的急行军后，向东赶到沂蒙山沂河西岸，鉴于沂河水陡涨，且四面受敌，首长随即率部冒雨转头向西经滕县南面直插津浦铁路。

我记得当时部队在一个狭长地带，西面是微山湖和独山湖，东面则是津浦铁路。国民党开始叫嚣“共军的两个纵队已陷绝境插翅难飞”。由于雨季仍未结

束，部队所在地区因连日暴雨成了一片汪洋，水浅的地方达到膝盖，水深的地方则齐了胸口，从远处望去，岸边白茫茫一片，只有半截高粱秆露出水面。战士们的衣服湿了干，干了又湿，脚上的鞋子也早被泥浆夺走，很多同志的脚背开始腐烂，嵌入脚底的砂石牢牢地嵌在皮肉中。较之担架队的同志，我们照料的那些伤员情况更糟，一些人的伤口因缺医少药而开始出血化脓，伤口中也常常能看到蠕动的蝇蛆。

某部营教导员蒋宿同志的动脉在滕县战斗中被机枪子弹打断，由于伤口没有完全接好，一路上他的伤口不断渗血，幸好担架队员像亲人般一路照料。下雨时，担架队员宁可自己淋雨，也要将仅有的斗笠和衣服盖在伤员身上；休息时，同志们还要边为伤员喂饭，边帮他们将伤口中的蝇蛆一条条捉出来。碰到有需要如厕但却因重伤而不能翻身的伤员，队员们就用随身携带的葫芦瓢帮他们接尿。当敌人飞机来袭，大家毫不犹豫地伏在伤员身上。

在运动作战过程中，不断有敌军从四面八方赶来“围剿”我们。除要应对那些不断在白天骚扰我们的敌机外，担架团还要在夜间提防“还乡团”的滋扰。在津浦路西面部队仅剩向北一条路可走，路上有三条河横贯在前，尤其是白马河更是危险。连日倾泻的暴雨使白马河像脱缰的野马，从上游倾泻而下的山洪裹挟着滚滚浊流，在河面上激起无数漩涡。

留下来只能等着被敌人消灭，只有突围才能保存实力，完成党交给我们的任务。为了强渡白马河，同志们争分夺秒，先头部队用绑带结成长绳，让战士们拉着绳子游水渡河，首长们也把坐骑让出来帮助女同志渡河。湍急的水流中不少同志被河水卷走，我亲眼看到一名拉着马尾巴渡河的女同志被河水冲走。

为了保证伤员能顺利渡河，担架队将两副担架做成了“小竹筏”，并让伤员和女同志坐在上面，“竹筏”两边各安排了八名担架队员随时“护驾”，水浅的地方大家就扛着“竹筏”泅水，遇到水深则边推边游。在短短一夜时间内，我们硬是将所有伤员送到了河对岸。1947年8月1日，也就是我们越过白马河的第二天，我们和友邻第八纵队胜利会师，接着部队又绕过济宁等地辗转进入鲁西南平原。最终，担架队将重伤员全部安全地转移至黄河以北地区，而那些轻伤员则在短暂休养后陆续返回部队。

（本文由北京新四军研究会供稿）

革命母亲云四婆

文/史　莎

云四婆，原文昌龙马乡新村人，生于1879年。“云四婆”并非原名，关于它的来历，还有一段小故事。

1927年春，在新村一间矮小的祠堂里，中共龙马乡党支部成立了，开始发动农民群众，组织红军，进行土地革命。寡妇符阿大在绝望中找到了党，立即投身到这场革命浪潮中，打土豪、分田地、罢市游行，样样冲在前头。

符阿大的积极表现很快得到了党的认可，填写入党登记表时，支部书记对她说：“你年过半百，还没有一个正名。你丈夫排行第四，考虑到方便革命活动，给你起个名叫云四婆吧。”符阿大一口赞同，正式宣誓入党，“云四婆”的名字也就这样传开了。

入党后的云四婆更加活跃在群众之中，同公开的敌人斗，同党内的叛徒斗。她虽然上年纪了，但腿脚灵活、头脑机警，加上对当地情况熟悉，多次机智勇敢地协助党组织展开歼敌及反“围剿”行动。

解放战争开始的时候，原文昌龙马乡副乡长、共产党员云石民叛变革命，担任国民党乡政府助理，积极“围剿”我革命根据地。叛徒的举动引起了我党革命同志的密切关注，云四婆家也成了大家秘密分析形势与对策的小据点。

1946年12月中旬的一个月夜，云四婆送革命同志进“地洞”睡觉后，自己再悄悄回家。云四婆刚到家门前的杨桃树下，就发现有个人影晃动，她揉了揉眼睛，想：“这人分明就是民主政府征收员云大周！他父亲是伪甲长云昌尧。为什么他三更半夜赶回家呢？”四婆偷偷地凑近他家的围墙，只听云大周低声

说："爹呀！谁要问起我，你就说我有病在家哪也不去，明天你也不要出去！说是在家照顾我。"四婆听了这些话，知道有问题：又出现叛徒了。

事不宜迟！她立即转回山中"地洞"里，向革命同志——文昌县民主政府县长吴乾鹏等人反映情况。吴乾鹏等人分析："难怪昨夜与我们同睡一个'地洞'的云大周突然'失踪'了，看样子是想带敌人捣我们的根据地来了！"当下，几个革命同志便做出决断：立即抓捕叛变革命的云昌尧父子。

几个人一直从夜里埋伏到天亮鸡鸣，终于看到云大周和云昌尧从门缝里探出头来。随即，一支驳壳枪顶住了云大周的肚皮。见势不妙的云大周赶紧下跪求饶，并狡辩是因生病才回的家。机警的云四婆当即指着云大周的鞋子反问："你不是上龙马市告密，鞋子上哪里来这么多湿白沙和杂草？"云大周一时惊慌语塞，不得不承认是受了云石民的指示才这样做的。

此时，前一晚接到通风报信的敌人已经将村子包围，叛徒的勾当一目了然。仇恨的子弹上了膛，枪口对准了云昌尧、云大周父子俩……随后，在云四婆的掩护下，几人迅速遁入隐蔽地点"狗睡堆"，让闻声而来的敌人扑了个空。

对敌人，云四婆像一把不卷刃的砍刀；对同志，她却有一颗慈母的心。

"革命儿子亲，胜过骨肉情。"龙马新村的群众至今还传颂着云四婆献出儿子救伤员的动人事迹。

那是1942年3、4月间，正是日军大"蚕食"时期。云四婆在宋宅山建立临时医务所，一批批伤病员在她和同志们的精心护理下提早"出院"，回到前方杀敌。最后一名重伤员老李过两天也要恢复健康归队了，便在四婆家逗留休整。忽然，汉奸潘儒三带领敌人进村搜查，闯进了四婆家，四婆赶紧让老李躲进房里。

"老太婆！伤病员在哪里？"领头的一个敌人问。

"不知道。"四婆冷冷地回答。

"该死的老太婆！"敌人打了四婆两个耳光。

"住手！"老李忍不住挺身而出。

"你是谁的？伤病员的有！抓了抓了的！"几个日本兵咆哮着。

"我是我，堂堂正正的中国人！"老李故意讽刺一旁的伪兵。

几个伪兵一听，揪住老李便拳打脚踢。四婆上前拦住："你们怎么乱打我的儿子呢？"

敌人才不管那么多，宁可错抓一千，也不放过一个，仍执意要带走老李。这时，云四婆的亲生儿子云逢铣回来了，低声喊了一声"娘"。几个敌兵见状逼问："他是谁？又是你的孩子吗？"

"不认识，过路的客人，来讨水喝的。"四婆坚决地回答着。

"那你就是伤员！"敌人听完，不由分说便将麻绳套在了云逢铣的脖子上，将其推出门口。老李见势不对，赶紧大叫自己就是伤病员。已经明白状况的云逢铣连忙插嘴："没错！我是伤病员。"

被弄蒙了的敌人火冒三丈，下令统统抓走！四婆立刻跪在地上捶胸啼哭，用力拉住老李骂道："你个败家子，不识好歹，他们是抓共产党，你为什么冒充伤病员，连你母亲都不管了！"敌人只好放了老李，带走了云逢铣。

事后，区委书记邝世发闻讯赶来安

慰云四婆。云四婆忍着悲痛，平静地说：“只要你们在，革命的火种就在，万一我的儿子回不来，我乐意认所有的革命儿子为我的儿子。”

后来，尽管经过多方努力，云逢铣被释放出狱，但终因伤势过重，不久病逝。四婆掩埋好云逢铣的遗体，又把最后一个儿子云逢锐交给党，送进革命队伍。

这个机智勇敢的老妇人，就是凭借着一颗爱党信党的赤诚之心，为革命事业奔忙，其间被国民党顽固派逮捕过一次，被日军逮捕过五次，当着儿女的面被敌人电击、火烤、水烫，残暴折磨得死去活来。但这一切，都没有动摇过她革命斗争的决心。

1950年10月5日，广东省第一届人民代表大会上，六十一岁的云四婆被叶剑英同志命名为“革命母亲”。

（本文选自南海网）

一个窝窝头的故事

文/张怀恩　郑　北

在经历过革命战争的老一代共产党员中，人称“陈大姐”的陈少敏享有很高的威信，毛泽东曾称赞她是“白区的红心女战士，无产阶级的贤妻良母”。在抗日战争和解放战争的沙场上，她是一员杰出的女将。多年来，这位女革命家一直被人们怀念和称赞。

1934年秋，为了发动农村妇女参加革命，陈少敏受上级指派，专程来到“红色沙区”内黄开展工作。当时，有很多妇女在陈少敏的教育下挣脱封建礼教的枷锁，参加了革命。

那时候，内黄的群众生活都很贫穷，有很多人家都是吃了上顿没下顿，到了春天青黄不接的时候，常常靠吃野菜、树叶充饥。化村的王秀枝家是党组织的堡垒户，陈少敏当时就住在她的家里。王秀枝家也是十分贫穷，陈少敏跟着她们全家一起吃糠咽菜、喝稀饭。

1935年春天，王秀枝一家早就没有米面下锅了。为了活命，王秀枝的婆婆只好拄着一根打狗棍，在周围的村庄讨饭。

王秀枝有一个儿子叫王庆丰，那年才十二三岁，陈少敏在内黄进行革命活动时，常把小庆丰带在身边。陈少敏是外地口音，问路说话不方便，有时候打听事情时经常是小庆丰跑在前边。有时遇到敌人盘查，他们就装成母子俩走亲戚的样子瞒哄敌人。

一天，天刚蒙蒙亮，陈少敏在小庆丰的带领下，从马集村往家赶，走到硝河三孔桥附近，忽听化村里狗叫鸡鸣地乱作一团。陈少敏觉得有情况，就躲进三孔桥附近的一座烧砖窑里，小庆丰装着拾柴搂草，在烧砖窑的远处望风放哨。

敌人在化村整整闹腾了一天，一直到太阳快落山时才离开了村子。

陈少敏还是头天下午在马集村喝了两碗稀饭，来回在几个村庄奔走了一夜，已经饿得饥肠辘辘了，现在又在砖窑里躲了一天，真是又饥、又渴、又冷，身上没有半点力气！

夜幕降临了，陈少敏见村里已经没有了动静，就让小庆丰先回村探听消息。这时，天刮起了北风，早春的北风，虽然没有了寒冬的凛冽，但却是干冷干冷的。陈少敏穿的衣服比较单薄，砖窑里又四面透风，北风吹得她直打哆嗦，再加上一天一夜没吃没喝，她双手抱着肩膀，蹲坐在砖窑里，连说话的力气也没有了。

正在她饥冷难熬的时候，砖窑外传来了小庆丰的脚步声。

小庆丰老远就喊：“娘，娘，我给你送吃的来了。”小庆丰与陈少敏外出的时候，常常以母子相称，时间长了，庆丰就常叫她娘。

小庆丰手里提了一个罐子，里面是半罐热乎乎的玉米面稀饭。他上气不接下气地跑到陈少敏跟前，气喘吁吁地说：“娘，饿坏了吧。俺娘说，让您先吃点东西再往村里去，那样才有力气。”

陈少敏接过罐子，掀开盖子，用嘴轻轻地尝了一口，不冷不热正可口，她忍不住双手捧起罐子，一口气喝了个底朝天。

陈少敏喝完热粥，用舌头舔了舔嘴唇，一副意犹未尽的样子。小庆丰见陈少敏那双眼睛直盯着盛饭的罐子，知道她还没有吃饱，就变戏法儿似的从怀里掏出一个窝窝头，说：“娘，俺奶奶还让我给你捎来个窝窝头！说让你吃饱好做更多更多的革命工作。”

陈少敏接过庆丰递过来的窝窝头，使劲咬了一口，她一边香甜地嚼着，一边问庆丰：“庆丰，咱家咋蒸了窝窝头？”

庆丰没有回答，两只大眼睛直愣愣地看着陈少敏手里的窝窝头，嘴里直咽口水。

陈少敏咽下嘴里的窝窝头，说：“庆丰，告诉娘，这个窝窝头是从哪儿弄来的？”

小庆丰眼里的泪水直打转，就是一声不吭。

陈少敏双手捧着那个窝窝头，久久不说一句话。

“庆丰，走，回家去！”

庆丰在前面低着头，一边走一边低声抽泣。陈少敏跟着庆丰，心里很不是滋味。回到家里，陈少敏走进厨房，掀开锅一看，锅里是小半锅野菜汤。

陈少敏什么都明白了，她再也抑制不住感情的闸门，流下了激动的泪水。她知道，这个窝窝头是庆丰的奶奶讨饭讨来的，她们一家人谁也舍不得吃，让庆丰送给了自己。

内黄的老百姓实在是太好了。陈少敏捧着那个咬了一口的窝窝头，跪在庆丰奶奶的面前，说：“大娘，您就是我的亲娘！”

（本文选自《安阳日报》）